Charlotte Desrosiers Natral

Et si je changeais DE MÉTIER ?

Avec la collaboration de Marjorie Goaoc,
Paula Quiroz et Juliette Angeletti

Préface de Pedro Correa

MANGO
éditions

Sommaire

Préface

“ Il y a en France presque 500 000 salariés en souffrance psychologique au travail. Ces chiffres sont de 2016[1] et tout porte à croire qu'ils ont encore augmenté (dramatiquement) depuis. Car il y a bel et bien une lame de fond de mal-être qui dépasse par son ampleur la problématique liée à la recherche d'emploi, et qui grandit chaque année un peu plus.

Malgré ce constat alarmant, toute la pression médiatique et politique continue pourtant à n'être axée que sur la recherche d'emploi : tout nous pousse à choisir un emploi, quel qu'il soit, et quelles qu'en soient les conséquences sur nous et sur notre environnement.

Je vois personnellement cette vague de mal-être comme une nouvelle renaissance, comme autant de personnes qui ont décidé (consciemment ou pour des raisons d'épuisement) de ne plus s'adapter à un système qui n'a jamais placé les termes de « sens », de « joie » ou « d'impact sociétal » dans ses priorités.

Merci donc Charlotte pour ce livre qui remet à leur juste place ces termes et ces envies qui aujourd'hui commencent à être enfin vus comme nécessaires, voire prioritaires. Il propose surtout des conseils pratiques et des témoignages qui démystifieront ce chemin vers le changement et vers l'activité qui nous est chère (burn-out ou pas), afin de mettre plus de sens dans nos vies et, de proche en proche, dans nos sociétés. ”

Pedro Correa, d'ingénieur à photographe, auteur et conférencier

1• Étude de l'Institut national de veille sanitaire (INV) de 2016.

Introduction

Qui peut prétendre avoir les mêmes aspirations à 20 ans ? 30 ans ? 40 ans ?

Nous évoluons, traversons les épreuves de la vie et apprenons de mieux en mieux à nous connaître. Nous évoluons, mais nous ne sommes pas les seuls : en effet, les métiers aussi évoluent. Cette évolution peut être due au secteur de plus en plus concurrentiel, aux attentes des clients, au système ou à l'apparition de nouvelles approches et technologies...

Dans ce contexte, il paraît normal de ne pas faire le même métier toute sa vie, non ? Qu'en pensez-vous ? Il y a ce que l'on souhaite, mais il y a aussi la conjoncture. En effet, j'aimerais partager avec vous deux chiffres que je trouve intéressants.

Au cours des quinze à vingt prochaines années, le développement de l'automatisation pourrait conduire 14 % des emplois actuels à disparaître et 32 % autres à être profondément transformés[1]. Ce chiffre vous paraît surévalué ? Réfléchissez à tous ces métiers qui n'existent déjà plus, dont certains qui étaient indispensables pour le quotidien des Français comme celui d'allumeur de réverbère. Pendant plus de deux cents ans, il a été un métier clé pour la sécurité, jusqu'à ce qu'il disparaisse totalement en 1880 grâce à l'arrivée d'une innovation. Avez-vous une idée de la date à laquelle le métier de gardien de phare a totalement disparu en France ? Incroyable mais vrai, c'était le 31 août 2019, lors du départ en retraite du gardien

1• Perspectives de l'emploi de l'OCDE 2019.

de phare du Cap Fréhel. J'avoue avoir moi-même été surprise par cette date. Toujours est-il que, dans notre quotidien, il y a des métiers qui n'existaient pas il y a trente ans et qui ont déjà disparu. Un exemple ? Les loueurs de cassettes VHS. Dans une étude publiée en août 2018[1], l'institut Sapiens analyse cinq métiers en voie de disparition. Le premier sur le podium est celui d'employé de banque et des assurances. Son extinction est estimée entre 2038 et 2051. Imaginez : cela représente 0,9 % de l'emploi total en France !
Pour finir sur une note positive, la bonne nouvelle dans tout cela, c'est que de nouveaux métiers se créent tous les jours. Pensez à tous ces nouveaux métiers qu'on ne connaissait pas il y a quinze ou vingt ans : community manager, data scientist, podcaster, etc. Les Français sont-ils conscients qu'ils changeront de métier un jour ? Il semblerait que oui, car 64 % des salariés pensent changer au minimum trois fois de métier au cours de leur carrière et seuls 14 % restent attachés à l'idée d'exercer un même métier tout au long de leur vie professionnelle[2].

À partir de maintenant, si tu me le permets, j'ai envie de te tutoyer tout au long de ce livre, car j'ai envie de te guider, et le tutoiement renforcera cette proximité.
Si tu es en train de lire ces lignes, c'est que clairement tu te poses des questions. Mon envie n'est pas de faire une apologie du changement de métier, mais de t'aider dans cette réflexion. Tout d'abord, je te propose de me présenter. Je m'appelle Charlotte Desrosiers Natral. Après quinze années en marketing, dont les cinq dernières en tant que directrice marketing monde chez des éditeurs de logiciel ambitieux et en pleine croissance, mon corps m'a dit « stop ». Je l'ai donc écouté et ouvert, à

1• « L'impact de la révolution digitale sur l'emploi, Top 5 des métiers en voie de disparition », août 2018.

2• Baromètre 2017 Ifop/Monster sur la mobilité professionnelle.

l'été 2019, un nouveau chapitre de ma vie. À cette époque, je savais que je ne voulais et ne pouvais pas retourner à mon poste, mais je n'avais aucune idée de ce que je voulais faire. J'avais tout de même une petite voix qui me disait depuis toujours : « Un jour... je créerai mon entreprise. »

Après plusieurs mois pour me remettre sur pied, j'ai eu l'envie et le besoin d'aider toutes les personnes qui prenaient le même chemin que moi, à savoir celui du burn out. Je me suis alors demandé : « Qu'est-ce qui m'avait aidée ? » La réponse à cette question m'apparut comme une évidence : ce qui m'a donné du courage et de l'espoir, ce sont les histoires des personnes qui avaient changé de vie, mais aussi le coaching et les formations en ligne.
J'ai donc créé le podcast : *Pourquoi pas moi : l'invitation à écouter ta petite voix*.
La raison d'être de *Pourquoi pas moi* est de permettre aux personnes d'écouter leur petite voix, de leur donner les clés pour passer à l'action et de (re)trouver du sens dans leur vie.

Le livre que tu tiens entre les mains se présente comme suit :
- Trois témoignages exclusifs et complémentaires pour t'inspirer.
- Une partie dans laquelle je t'accompagne dans ta réflexion et te guide en te donnant les clés pour réussir ta démarche de reconversion.

L'objectif est que tu ne fasses plus partie des 54,6 % d'actifs qui veulent changer de métier dans l'année à venir, mais ne savent pas vers qui ou vers quoi se tourner pour trouver de l'aide, un accompagnement ou des conseils pour s'orienter[1].

1• Observatoire des trajectoires professionnelles 2018.

Attention, gare au phénomène de mode !

L'idée de ce livre n'est pas de te convaincre à tout prix qu'il faut changer de métier, mais de t'aider dans ton cheminement pour prendre la bonne décision. Car, même si j'ai le plaisir d'échanger toutes les semaines avec des personnes qui se sont reconverties et qui sont heureuses aujourd'hui, toutes les reconversions ne sont pas des succès. En effet, si seulement 2 % des Français reconvertis ont été déçus et que seuls un quart d'entre eux estiment que cette expérience a été négative[1], toujours est-il que cela demande des renoncements. Cela a un impact fort sur sa vie privée et donc son entourage, et évidemment sur son mode de vie. Effectivement, il est très rare de retrouver son niveau de revenus dès le début de sa reconversion.

Rome ne s'est pas faite en un jour, un changement de métier non plus. Il faut compter en moyenne entre six et trente-six mois. La patience est donc de mise !

“ Toute la vie on apprend, toute la vie on peut apprendre un autre métier. Toute la vie on change, toute la vie on expérimente, et je pense qu'on se rapproche – si on écoute avec plus de soin – de qui on est profondément, on est plus honnête avec soi-même. ”

Alia Cardyn, d'avocate à coach puis romancière à succès[2]

1• Étude 2019 Nouvelle Vie Pro sur les Français et la reconversion professionnelle.

2• Podcast *Pourquoi pas moi*, épisode n° 28.

Le témoignage de Marjorie

J'ai entamé une nouvelle vie professionnelle il y a un peu moins de cinq ans, après **une carrière d'attachée de presse dans la décoration**, à Paris. J'aimais beaucoup mon métier, sa dimension esthétique, la richesse et la variété de mes interlocuteurs, mais j'avais du mal à gérer le stress permanent qu'il impliquait. Au fil du temps, avec l'âge peut-être, j'ai ressenti un besoin impérieux de changement pour vivre de façon plus équilibrée. Ce changement passait par une reconversion professionnelle.

Je travaille aujourd'hui dans la police scientifique à Nancy, où je dirige un service de quatorze personnes chargées de rechercher les traces et les indices sur les scènes de petite et moyenne délinquance. Nous intervenons après des cambriolages, des vols de voitures, des dégradations de biens. Nous sommes également chargés de la signalisation de toutes les personnes mises en cause dans des affaires délictuelles ou criminelles. Cela passe par la prise de photos et d'empreintes ou le prélèvement d'ADN. Mes missions sont donc à la fois managériales, administratives et très opérationnelles. En parallèle de mon action sur le terrain et en laboratoire, je dois en effet gérer des plannings, des budgets et des stocks, piloter des projets et organiser la formation de mon équipe qui intègre actuellement de nouveaux personnels et s'ouvrira bientôt à des affaires plus importantes, comme les vols à main armée et la découverte de corps.

Ma reconversion professionnelle ne s'est pas faite en un jour. Il m'a fallu du temps pour comprendre que je devais changer de métier. Du temps aussi pour identifier celui dans lequel j'aurai envie de m'investir, puis pour passer le concours de technicien principal et me former avant de prendre pleinement possession de mon poste. J'ai eu de la chance. À partir du moment où le processus était enclenché, les choses sont allées très vite, bien plus en tout cas que je ne l'aurais imaginé : entre le moment où j'ai choisi de faire un bilan de compétences et ma prise de fonction à Nancy, il s'est passé moins de deux ans. Mais ma problématique était bien plus ancienne. Elle remontait en fait quasiment à mon adolescence, à la sortie du lycée, quand j'ai entamé mes études.

Je suis diplômée d'une école de commerce. Quand je me suis engagée dans cette voie, j'ignorais qu'elle me formerait à des métiers qui ne me correspondaient pas complètement. Pourtant, je ne regrette aucun de mes choix, car ils m'ont conduite là où je suis aujourd'hui. J'ai acquis des connaissances, un savoir-faire et développé des compétences sur lesquelles je peux m'appuyer au quotidien, même dans un milieu aussi différent des relations publiques que celui de la police scientifique. Il n'en reste pas moins que je suis fière et heureuse d'avoir réussi ma reconversion professionnelle, car je vis désormais plus en adéquation avec qui je suis profondément. La petite fille que j'étais il y a trente ans trouverait d'ailleurs que je lui ressemble : sérieuse et curieuse, à sa place sur le terrain !

Une vocation contrariée

J'ai grandi à Brest, dans le Finistère. Sage et dynamique, avec un vrai côté garçon manqué, j'étais toujours en train d'escalader ou de construire quelque chose. Aujourd'hui, je suis toujours en train de bouger et j'évolue dans un univers très masculin où la communication est plutôt directe : on ne passe pas par des chemins détournés pour se dire les choses – avec les avantages et les inconvénients que cela suppose parfois ! Incarner l'autorité dans un milieu très organisé et hiérarchisé me convient donc parfaitement.

Avant le bilan de compétences, je n'avais jamais songé à intégrer la police. Petite fille, je me voyais plutôt devenir prof de maths, j'adorais l'école et je passais des heures à jouer à la maîtresse avec ma sœur. Je n'étais pas réellement influencée par mon environnement familial : mon père gérait une agence de la Caisse d'épargne, et ma mère travaillait à La Poste. Cela dit, une de mes grand-mères était professeure. Son parcours m'a peut-être marquée sans que je m'en rende compte, en me faisant prendre conscience que ce métier était accessible. Ce projet professionnel m'a animée jusqu'au lycée, en tout cas jusqu'à la classe de première (option scientifique), où j'ai rencontré une enseignante dont les méthodes m'ont complètement déroutée, au point de remettre en cause ce que je pensais être ma vocation. Moi qui avais toujours aimé les mathématiques, je rencontrais des difficultés, et je ne me sentais plus du tout à l'aise. En changeant de professeur l'année suivante en terminale, j'ai renoué avec le plaisir que j'avais toujours connu et compris que mes difficultés tenaient surtout à la pédagogie de ma précédente enseignante. Mais mes certitudes s'étaient envolées, et je ne savais plus du tout vers quel milieu professionnel m'orienter.

Comme j'étais une bonne élève, plusieurs voies s'ouvraient à moi. C'est une chance quand on sait ce qu'on veut faire ou qu'on hésite entre plusieurs avenirs professionnels. Mais quand on est aussi indécise que je l'étais à l'époque, cette chance n'est pas facile à saisir. J'ai finalement postulé à toutes les formations possibles, prépas littéraires, scientifiques, écoles de commerce et écoles d'ingénieur. Je me disais que le destin choisirait pour moi. Résultat, j'ai été acceptée partout et je n'étais pas plus avancée. Après avoir renoncé à une carrière d'ingénieur qui ne me tentait pas plus que ça, j'ai donc carrément joué mon avenir aux dés, et je me suis orientée vers une prépa HEC.

Il n'est pas évident de faire un choix et de se lancer quand on a 17 ans. À cet âge, on a besoin d'être guidé, orienté, pour se faire une idée plus précise des métiers vers lesquels se tourner. Sans se désintéresser de la question, mes parents mettaient un point d'honneur à ne pas intervenir. C'est lié à leur histoire personnelle, pour ma mère notamment. Elle aurait aimé devenir garde forestière et, pour atteindre le niveau de la formation à laquelle elle aspirait, elle aurait dû redoubler une classe au lycée. Mais ses parents ont refusé, et elle s'est retrouvée dans une filière qui ne faisait pas du tout sens pour elle. Complètement démotivée, elle a abandonné ses études et, des années plus tard, s'est juré de ne jamais intervenir dans les choix professionnels de ses enfants. Elle en avait subi de trop lourdes conséquences.

« Il n'est pas évident de se décider quand on a 17 ans. À cet âge, on a besoin d'être guidé, orienté, pour se faire une idée plus précise des métiers vers lesquels se tourner. »

Mes parents m'ont donc laissée libre de tracer mon avenir, mais, chez moi, cela n'a pas eu l'effet recherché. Je me suis orientée à l'aveugle, sans être bien informée sur les métiers auxquels me destinait une école de commerce. Pour mes parents, il était plutôt rassurant que leur fille s'engage dans un parcours dit « d'excellence ». Ils se disaient probablement que, ainsi, je serais assurée de trouver un emploi. De mon côté, j'aurais préféré qu'ils me guident un peu plus et m'aident à me poser les bonnes questions. Je me serais ainsi épargné quelques souffrances au travail et quelques désillusions. Je ne leur en veux pas, évidemment, j'ai fait mon chemin et je comprends leurs raisons. C'est même une chance qu'ils m'aient toujours laissée aussi libre de me déterminer. Mais j'ai tiré une leçon de mes erreurs : mieux vaut se décider en toute connaissance de cause plutôt que sur des fantasmes.

Changer de métier demande un véritable investissement personnel mais n'est pas problématique en soi quand on a évolué soi-même ou que le poste qu'on occupe ne répond plus à ses attentes. S'engager tête baissée dans une voie incompatible avec son tempérament peut en revanche se révéler douloureux. Il est donc essentiel, quand on choisit son orientation professionnelle, de se renseigner sur la réalité des métiers qu'on envisage, ne serait-ce qu'en termes d'amplitude horaire, de salaire, de missions, etc., pour renforcer sa décision et affermir sa motivation.

L'univers trépidant des relations publiques

Pour ma part, à la sortie du lycée, les dés étaient jetés, au sens propre comme au sens figuré. J'ai donc suivi deux années de classe préparatoire HEC à Brest avant de passer le concours et d'intégrer l'école de commerce de Toulouse. Changement de climat radical ! Dès la première semaine, j'ai compris que je m'étais trompée d'orientation. Les gens, la façon de travailler, le contenu des études, rien ne me plaisait. Par respect pour mes parents qui m'aidaient à payer l'école, par fierté ou parce que je suis perfectionniste et sans doute aussi un peu jusqu'au-boutiste, je n'ai pas envisagé une seconde d'abandonner. Ce n'était pas une option. J'ai pourtant trouvé une échappatoire en m'inscrivant à un programme de double diplôme qui m'a permis de suivre la dernière année de cours à Berlin – une longue dernière année de master en marketing et communication –, qui s'est étalée sur presque deux ans, ce qui me convenait très bien.

J'adore les maths, mais je déteste les maths appliquées et je n'avais aucune envie de faire carrière dans la finance. À ce moment-là, j'étais assez avertie sur la réalité du secteur pour savoir que cela ne m'intéressait pas du tout ! Le marketing et la communication me semblaient en revanche plus ludiques, plus fun, je m'y sentais plus à ma place. À l'époque, ce choix relevait de l'évidence.

J'ai découvert l'univers des relations publiques au cours de mon dernier stage obligatoire en entreprise, au sein de la cristallerie d'art Arc International. C'était ma première expérience à Paris et dans une grosse entreprise, et j'ai eu la chance de travailler sous la responsabilité d'une femme absolument formidable. J'ai tout de suite adhéré au milieu de la décoration et à la vie parisienne, faite de multiples rencontres avec des personnes d'horizons et d'univers variés. Réfléchir à des sujets très divers, découvrir un métier de contact trépidant m'a énormément plu. C'était une expérience très riche pour moi qui m'apprêtais à sortir d'école.

Une fois diplômée, j'ai naturellement cherché un emploi et, de nouveau, je me suis retrouvée un peu perdue. Comme je n'avais pas suivi de formation spécialisée, je n'ai pas tout de suite pensé aux relations publiques. Je n'y ai même pas songé, en fait. Cela peut paraître étonnant, mais, comme je n'avais qu'une première expérience dans le domaine, je ne me sentais pas en capacité de rivaliser avec des candidates diplômées d'écoles comme l'EFAP, par exemple, que je trouvais plus légitimes. J'ai passé des entretiens pour des postes en lien avec mes études et reçu quelques offres dans des secteurs qui ne me plaisaient pas – notamment dans une entreprise de logiciels auxquels je ne comprenais rien du tout. C'est alors que mon ancienne cheffe chez Arc International a parlé de moi à une de ses amies, à la tête d'une agence de communication

« Une fois diplômée, j'ai naturellement cherché un emploi et, de nouveau, je me suis retrouvée un peu perdue. »

spécialisée dans la décoration. J'ai saisi cette opportunité en confiance, en me disant que j'étais recommandée, dans un secteur avec lequel je me sentais en affinité.

J'y suis restée quatre ans. Quatre très bonnes années, pendant lesquelles j'ai appris mon métier d'attachée de presse. L'équation était parfaite : ma supérieure pouvait me former avec ses propres méthodes, puisque j'arrivais sans beaucoup d'expérience, vierge de toute formation théorique mais avec une véritable envie d'apprendre et de m'impliquer. J'ai tout appris à ses côtés, au sein d'une agence à taille humaine de quatre ou cinq personnes en fonction des périodes. L'avantage des petites structures, c'est qu'on y est polyvalent, rien à voir avec l'engrenage d'une grosse agence qui vous cantonne à des missions précises. Très vite, j'ai pu dépasser mon statut de junior et embrasser toutes les facettes du métier. En traitant les sujets en profondeur, j'ai acquis de l'épaisseur.

Je suis partie quand j'ai senti que j'avais fait le tour de mon poste. Passer par une classe préparatoire et des études internationales variées, riches de contacts, donne un tempo à l'apprentissage. J'avais compris ce qu'on attendait de moi et j'avais envie d'évoluer, de gagner en responsabilités, de manager une équipe par exemple, ce que la structure de l'entreprise où je travaillais ne permettait pas, dans la mesure où ma supérieure directe était la directrice de l'agence. Pour gagner en compétences et en salaire, je devais donc changer d'employeur. J'ai intégré une plus grosse agence, toujours dans le domaine de la décoration, dans laquelle on m'a confié des responsabilités de management. J'ai découvert un fonctionnement moins familial, un peu moins sur-mesure peut-être, mais plus dynamique en termes de synergies, d'échanges d'idées et de façons de procéder. J'ai adoré l'énergie que me procurait ce poste et je m'y suis investie à fond.

Je ressentais pourtant une forme de frustration, que j'avais déjà perçue au cours de ma première expérience, mais que j'avais mise à l'époque sur le compte de la taille de l'agence. Quand on travaille dans les relations presse, on est constamment sollicité, sous pression. Des clients vous confient un budget en échange d'une certaine prestation dont la réalisation ne dépend pas uniquement de vous mais aussi des journalistes, de la période à laquelle vous lancez tel ou tel produit, voire parfois des produits eux-mêmes – ils ne sont pas tous de la meilleure qualité ! Il arrive donc que les résultats ne soient pas au rendez-vous.

« Je ressentais pourtant une forme de frustration, que j'avais déjà perçue au cours de ma première expérience, mais que j'avais mise à l'époque sur le compte de la taille de l'agence. »

Je vivais de façon très stressante la possibilité de ne pas atteindre les objectifs qui m'étaient fixés, qu'on pense que je n'étais pas assez compétente ou que je n'avais pas convenablement conduit certains projets. Cette angoisse de ne pas assez bien faire et de ne pas répondre à ce qu'on attendait de moi se doublait de surcroît d'une interrogation de plus en plus profonde : à quoi cela sert-il de se ronger les sangs pour des enjeux somme toute assez superficiels ? Je ne sauvais pas des vies, et pourtant je dormais mal la nuit.

J'avais rapidement identifié, dès ma première expérience en agence, ces deux aspects antagonistes des relations presse, et le changement de poste n'y a rien changé. Au bout d'un an, j'étais toujours agitée par les mêmes questionnements. À ce moment-là, l'idée d'une réorientation professionnelle m'a effleurée, mais, comme je ne savais pas du tout quoi faire, je me suis enfermée pendant plusieurs années dans mon boulot, en me disant que le déclic viendrait bien un jour. Il ne s'est jamais produit.

Au bout de trois ou quatre ans supplémentaires à me poser des questions, j'ai décidé de faire un bilan de compétences pour avancer et passer le cap en étant accompagnée. Je n'avais pas eu de déclic et j'en étais arrivée à un point où je me réveillais en sursaut la nuit, trempée de sueur, parce que j'avais pensé à un détail qui me semblait insurmontable – j'avais oublié d'envoyer un échantillon ou un mail, ou bien j'étais convaincue de l'avoir envoyé trop tard. Mon corps exprimait mon mal-être de façon insupportable : je souffrais d'une sciatique avec des crises à répétition tellement douloureuses qu'il m'arrivait de pas pouvoir aller travailler. Depuis que j'ai changé de métier, alors que je suis confrontée plus souvent à des situations physiques qui pourraient me fragiliser à ce niveau-là, je n'ai plus jamais eu de crises.

Un bilan salvateur

Une thérapie m'aurait peut-être soulagée, mais elle n'aurait pas répondu à la contradiction professionnelle dans laquelle je me débattais. Je n'avais rien contre le fait de m'interroger sur moi, bien au contraire, j'en avais assez de tourner en rond, mais j'étais convaincue que le changement viendrait de la sphère professionnelle, et j'avais besoin d'être accompagnée avec méthode.

Le bilan de compétences m'a semblé tout indiqué, parce qu'il s'appuie sur des techniques éprouvées et qu'il me mettrait en contact avec des professionnels habitués à répondre à des problématiques semblables à la mienne, eux-mêmes en contact avec d'autres professionnels qui sauraient m'éclairer. Je ne souhaitais pas en informer mon employeur : j'ignorais sur quoi déboucherait ma démarche, ni même si elle déboucherait sur quelque chose de constructif, et je n'avais pas envie de nuire à mon éventuelle évolution au sein de l'entreprise, au cas où je choisirais de rester.

En termes de budget et de prise en charge, qui ne tente rien n'a rien : j'ai déposé un dossier auprès du Fongecif, l'organisme interprofessionnel qui informe, conseille et accompagne les salariés dans leurs projets de mobilité professionnelle. Mon dossier a été rejeté pour des raisons tout à fait évidentes : j'étais jeune, diplômée et en poste, mon profil ne répondait pas aux critères de priorité. J'ai malgré tout décidé de poursuivre dans ma démarche. Sans prise en charge du Fongecif, le bilan de compétences m'a finalement coûté environ 1400 €. Ce budget n'était en soi pas trop lourd à assumer, et c'est la seule dépense, en plus du temps que j'y ai consacré, dont j'ai dû m'acquitter pour changer de métier.

J'avais sélectionné trois organismes spécialisés situés à proximité de mon domicile qui pouvaient me recevoir le samedi. Dans la mesure où je gérais tout en sous-marin, il n'était en effet pas question que je m'absente de mon poste pour suivre les séances. Mon choix s'est finalement porté sur celui où travaillait la personne avec qui je me sentais le plus d'affinités. À raison, il me semblait que, après quelque vingt minutes d'entretien, ma formatrice avait su cerner qui j'étais. Disons que nous partagions une sensibilité commune et que j'avais le sentiment de pouvoir lui parler à cœur ouvert.

« Au cours d'un bilan de compétences, on discute beaucoup, et les échanges résonnent au quotidien, au travail comme dans la vie personnelle, bien au-delà du seul cadre des séances. »

Au cours d'un bilan de compétences, on discute beaucoup, et les échanges résonnent au quotidien, au travail comme dans la vie personnelle, bien au-delà du seul cadre des séances. On explore une dimension psychologique personnelle importante, et il faut être prêt à réfléchir sur soi, pas uniquement dans le cadre professionnel, en posant un regard à la fois neuf et honnête sur qui on est vraiment. Un bilan réussi suppose qu'on s'y implique de façon active, car le formateur n'entre pas les informations que vous lui donnez dans un ordinateur avant d'appuyer sur une touche et de vous décrire votre nouvelle vie, comme par magie ! Il est là pour vous fournir des clés indispensables à la construction de votre projet professionnel, mais, en réalité, tout le travail vient de vous. Vous êtes l'acteur principal.

Une reconversion professionnelle est donc aussi, dans une certaine mesure, un travail de transformation personnelle. J'ai peu à peu compris par exemple que mon principal frein au changement venait de moi : je sous-estimais mon expérience et mes compétences, et je manquais de confiance en moi et en mes capacités, à tel point que j'ai longtemps douté d'être capable de me reconvertir. Et ce ne fut pas la seule découverte que m'a permis de faire le bilan de compétences…

« Une reconversion professionnelle est donc aussi, dans une certaine mesure, un travail de transformation personnelle. »

Lors de la première séance, la formatrice m'a demandé de parler longuement de mon parcours, de mes choix et de mes regrets, de mes aspirations, de mes valeurs. Nous avons établi une sorte de vue d'ensemble de ma vie et de ma personnalité. Ensuite, un travail de longue haleine a débuté. À l'issue de chaque séance hebdomadaire de deux heures, je repartais avec des petits devoirs à faire – réfléchir sur mes aspirations profondes, mes valeurs professionnelles, etc. J'ai également été amenée, entre autres, à faire des recherches sur les pistes de métiers évoqués en séance, à compléter un test de personnalité, à rédiger quelques lignes sur les valeurs essentielles que je souhaitais trouver dans le travail, à faire un sondage auprès de mes contacts professionnels pour qu'ils me décrivent dans le travail. Nous en reparlions la fois suivante avant de passer à des exercices pratiques qui avaient pour objectif de m'aider à cerner mon nouveau métier. Ces exercices fonctionnaient sur le modèle de l'entonnoir, du général, le secteur, au particulier, le métier. Est-ce que je me verrais travailler en uniforme, de nuit, de jour, en décalé, en équipe, seule, dehors, à l'intérieur, en mouvement ou bien plutôt en posture statique… Sans m'arrêter à des notions de compétences, je définissais des critères qui éliminaient peu à peu certains secteurs et resserraient ma cible.

De ces échanges sont ressortis trois nouveaux métiers : professeure, coach et formatrice. Aucun dans lequel je n'avais vraiment envie de m'engager. Professeur, j'en avais nourri l'ambition pendant mes jeunes années, mais je me sentais désormais si éloignée des programmes que donner cours à des élèves me semblait relever de l'imposture pure et simple. Formatrice, c'était un peu équivalent, je ne m'en sentais pas la légitimité. Quant à coach, je me trouvais un peu juste en termes d'expérience professionnelle pour prétendre accompagner d'autres personnes, je me trouvais un peu jeune aussi, et puis je n'avais envie ni de travailler seule, ni de prendre en charge le développement commercial de mon activité.

Je suis restée comme ça, dans le flou, jusqu'à l'avant-dernière séance. Un peu plus et mon bilan de compétences était un échec ! Ce samedi-là, je suis arrivée en séance avec un test de personnalité assez long et assez détaillé, auquel j'avais dû répondre chez moi et qui avait normalement pour fonction de confirmer ou d'infirmer les pistes professionnelles que nous avions définies ensemble. Dans mon cas, il n'a pas du tout joué ce rôle-là. En soulignant un trait de ma personnalité, il a en réalité ouvert un champ professionnel auquel nous n'avions pas songé.

Ma formatrice analyse mon test et me révèle que j'ai une personnalité homogène, c'est-à-dire que je suis globalement d'humeur égale – je n'ai pas réellement de passions, mais je ne suis pas non plus sujette aux sautes d'humeur. Elle ajoute que je n'ai aucune sensibilité. Je tique, pointe les questions qui révèlent cette caractéristique chez moi et m'aperçois que, plutôt que de sensibilité, il s'agit en fait de sensiblerie. Ce qui est tout à fait vrai. Je ne suis pas impressionnable et suis au contraire capable de gérer des situations difficiles. Ma formatrice et moi en parlons ensemble, et, au fil de la discussion, je lui apprends que je me suis imaginée travailler dans des secteurs ou des contextes pas franchement drôles – j'avais même pensé aux pompes funèbres !

Ma formatrice réagit – il faut dire que les pompes funèbres, ce n'est pas commun – et envisage aussitôt de nouvelles pistes, en se fondant sur ma formation et les valeurs professionnelles que j'ai identifiées comme étant importantes à mes yeux. J'ai un bagage scientifique et je cherche un métier dans lequel je serais amenée à réfléchir et à apprendre régulièrement pour atteindre un niveau d'expertise. Elle me propose alors la police scientifique.

J'avais écarté le secteur public, car le fonctionnariat ne me parlait pas du tout. Pourtant, à ce moment-là, je me suis dit : « Pourquoi pas ? » Je ne m'étais jamais intéressée ni projetée dans la police, parce que j'étais convaincue qu'on y entrait en début de carrière et qu'une reconversion n'y était pas possible. Pourtant, ce jour-là, la police scientifique avait beau être la chose la plus éloignée de ce que je faisais et de mes études, l'idée ne m'a pas semblé

« Je ne m'étais jamais intéressée ni projetée dans la police, parce que j'étais convaincue qu'on y entrait en début de carrière et qu'une reconversion n'y était pas possible. »

saugrenue ! Très vite, j'ai appris que, pour entrer dans la police, il fallait passer un concours. Ce n'était donc pas fermé, et, les concours, j'avais été entraînée à en préparer. J'ai donc décidé, même si cela semblait fou, que j'allais le tenter.

Un an en apnée

Pour bien me préparer, et surtout confirmer cette nouvelle orientation professionnelle, j'ai entrepris une véritable enquête sur la police scientifique. Je n'avais aucune envie de me tromper de carrière une nouvelle fois, j'avais besoin de rencontrer des personnes qui connaissaient le milieu et pouvaient me renseigner. Par où commencer quand on ne connaît personne en particulier ? En en parlant autour de soi – je n'évoquais bien sûr toujours pas le sujet dans mon cercle professionnel, mais uniquement dans mon cercle amical et personnel. L'idée faisait sourire les gens, et j'avoue que, à leur place, j'aurais fait pareil ! Le métier en soi leur semblait plutôt bien ciblé : je respecte les règles et j'ai toujours aimé chercher, investiguer. C'est plutôt l'aspect police qui les amusait. Personne autour de moi ne s'y intéressait spécialement, je n'avais jamais regardé *Les Experts* ni n'avais jamais manifesté la moindre curiosité pour la police scientifique. Disons que je ne nourrissais pas le moindre fantasme en la matière, et c'est peut-être ça, aussi, qui a renforcé ma motivation.

La police est un univers opaque au sujet duquel il est très difficile d'obtenir des renseignements. Appeler des inconnus qui n'avaient parfois pas le moindre lien avec l'institution mais pouvaient me mettre en relation avec une tierce personne qui l'était a représenté un vrai travail de fourmi. Pour autant, il se trouve toujours quelqu'un sur le chemin pour vous dire qu'un membre de sa famille occupe un poste dans un commissariat de quartier et vous proposer un coup de main. Heureusement d'ailleurs parce que je n'y connaissais absolument rien ! Au départ, je ne savais même pas vers quel type de service m'orienter !

Peu à peu, je suis donc entrée en contact avec des personnes mieux informées. Et j'ai finalement fait la connaissance de plusieurs individus directement impliqués, notamment d'un technicien principal dans la police scientifique qui avait été reçu l'année précédente, en interne, au concours que je visais. J'ai eu énormément de chance, car non seulement il m'a exposé la réalité du métier, mais il a accepté de me passer ses cours de préparation. Sans lui, je n'aurais pas pu présenter le concours. Il n'existe en effet aucune formation en externe pour la spécialité qui m'intéressait. Contrairement aux spécialités de laboratoire, dont les programmes universitaires de licence en biologie ou en chimie peuvent se rapprocher, l'identité judiciaire est une spécialité de terrain dont les protocoles dédiés à la police ne s'inventent pas et ne se trouvent dans aucun livre.

Enfin, je tenais ma bouffée d'oxygène ! J'avais trouvé la perspective que je cherchais, et, les premiers temps, mon quotidien professionnel s'en est trouvé allégé. Nous étions en juin 2015, la prochaine session du concours était prévue en mai de l'année suivante, j'avais donc un an pour le préparer tranquillement. Je ne me faisais pas d'illusions et ne pensais pas le décrocher du premier coup, cette première année me servirait d'entraînement, je me testais. Jusqu'à l'automne, j'ai donc fait un peu la brasse, en débroussaillant le contenu. En novembre, soit six mois avant l'échéance, j'ai décidé de m'y mettre plus sérieusement. Je bossais le soir après le boulot, puis, assez vite, j'y ai consacré tout mon temps libre, le matin, le soir et le week-end. J'avais tout à apprendre, mais, surtout, ce concours était devenu ma respiration.

« À partir du moment où vous avez pris la décision de changer de métier et que vous vous en donnez les moyens, vous n'avez plus qu'une hâte : que cela se produise. »

Ce phénomène doit être commun à beaucoup de monde. À partir du moment où vous avez pris la décision de changer de métier et que vous vous en donnez les moyens, vous n'avez plus qu'une hâte : que cela se produise. Poussé par l'urgence, vous vous donnez à fond pour construire votre nouvelle existence. Personnellement, j'avais fait le tour de la question, je voulais partir. Rester où j'étais était devenu insupportable.

L'inverse d'un miracle

J'ai bossé dur et réussi au-delà de mes espérances : j'ai été admise aux oraux. Honnêtement, je n'en croyais pas mes yeux. Je touchais du doigt mon changement de vie, et cela me semblait complètement irréel. Pourtant, j'avais travaillé pour, je m'étais investie sans compter, mais je ne m'attendais pas à réussir l'écrit dès la première année. J'avais préparé un concours, mais pas anticipé concrètement le fait que cela puisse marcher. La preuve : je venais de m'installer dans un nouvel appartement et de le repeindre. J'étais donc loin de projeter mon changement de vie à court terme.

Soudain, moi qui n'avais jamais eu peur, j'ai ressenti une énorme pression. Je me suis présentée à l'oral, bien sûr – je n'avais pas fait tout ça pour refuser l'obstacle si près du but. Les oraux se déroulaient sur trois sessions. Nous étions huit candidats dans la mienne. Convoqués tous en même temps le matin, nous passions l'un après l'autre, j'ai donc eu tout le temps de bien stresser ! Je me rappelle que j'écoutais, les yeux ronds, discuter entre elles les personnes qui attendaient avec moi. Elles faisaient toutes partie de la police scientifique depuis des années et passaient le concours en interne. Eh bien, je ne comprenais quasiment pas un mot de ce qu'elles disaient ! J'ai mesuré l'ampleur de mes lacunes : j'avais appris les cours, mais je ne connaissais pas le métier.

Pourtant, l'oral s'est bien passé. Les jurés ont dû trouver tellement original de rencontrer une candidate extérieure à la police, qui connaissait théoriquement beaucoup de choses, mais n'avait jamais mis les pieds sur le terrain qu'ils ont valorisé le fait que j'avais fourni un gros effort pour parvenir devant eux. On ne prépare pas un concours de ce type en deux mois, et, même si j'étais incapable de répondre à certaines questions – aujourd'hui, quand j'y repense, les réponses me semblent évidentes, j'ai acquis de l'expérience, mais pour moi qui débarquais, une question du genre « Quelles sont les grandes directions d'emploi de la police ? » ne voulait strictement rien dire –, je montrais une forme de motivation que d'autres n'avaient pas. Je savais pourquoi j'étais là, je ne m'étais pas présentée juste parce que j'avais vu de la lumière ! Ils ont été sensibles au fait que je réponde avec mon cœur, de mon mieux. J'ai dû les faire rire. Ma première carrière dans un univers radicalement différent a sans doute également joué en ma faveur : je m'exprimais autrement, j'apportais un regard et des idées neuves. Et finalement, ils m'ont donné ma chance. J'ai été reçue.

Un tournant radical

J'avais attendu le plus tard possible pour faire part à mon employeur de mon intention de partir. Je ne misais pas vraiment sur ma réussite au concours, et je n'avais aucune envie de me « griller » en interne. Pourquoi prendre le risque qu'on pense que je n'étais plus motivée si j'échouais ? Autant rester au chaud, pleinement active, et éviter de me tirer une balle dans le pied. Et puis, j'étais très attachée aux clients avec qui je travaillais, je continuais à assurer ma mission.

Mais peu de temps avant les résultats de l'oral, l'agence dans laquelle je travaillais s'est réorganisée de façon importante, et on m'a proposé de prendre davantage de responsabilités. Par souci d'honnêteté, j'ai alors préféré parler de mon projet de reconversion. Si je réussissais le concours, je ne serais pas en mesure de respecter le contrat moral auquel m'aurait liée une promotion. Entamer une nouvelle mission pour l'abandonner au bout de quelques semaines me mettait mal à l'aise, autant tout déballer.

« J'avais compris à l'époque que, si j'étais admise, le changement de poste serait brutal. C'est ce qui s'est produit. »

J'avais compris à l'époque que, si j'étais admise, le changement de poste serait brutal. C'est ce qui s'est produit : j'ai été informée de mon affectation le 30 novembre 2016, pour une prise de poste le 30 décembre de la même année. J'ai eu un mois pour quitter Paris. Or, dans une entreprise, vous avez généralement un préavis de trois mois quand vous souhaitez partir. Après avoir passé les oraux, j'ai donc préféré anticiper et prévenir ma direction. Tant pis si j'échouais au concours, ma décision était prise : si je n'étais pas admise, je partirais quoi qu'il en soit.

Je dois dire que mon annonce les a littéralement cueillis. Personne dans l'agence ne s'attendait à ce que j'aie envie de partir, je n'avais rien montré, et ils n'avaient rien perçu. Ils ont réagi assez vivement. Que je parte pour la concurrence ou chez l'annonceur, après tout, c'était relativement classique, mais pour aller bosser dans la police ? Ils n'ont pas compris. Cela dit, moi aussi, à l'époque, je partageais leur étonnement, j'étais un peu sonnée par le fait que ma reconversion aille aussi vite.

Cela peut sembler fou, mais je ne m'étais pas rendu compte qu'un changement de vie professionnelle impliquerait autre chose qu'un changement de métier. Je savais que c'était une option parce que le concours de technicien principal est un concours national, les postes sont donc ouverts sur l'ensemble du territoire. Mais, d'une part je ne croyais pas vraiment à mes chances de réussite, et, d'autre part, j'étais convaincue que des postes seraient ouverts en région parisienne. Ce n'est pas un scoop, la région manque de personnel, on en parle assez dans les médias. Je comptais aussi sur le fait que la plupart des lauréats demanderaient une affectation en province. Partir, déménager, m'organiser était donc vraiment resté de l'ordre de l'inconscient pour moi, j'avais complètement occulté cette dimension de ma transformation professionnelle. Mais c'est sans doute un mal pour un bien, car les choses auraient peut-être été différentes si je m'étais posé ce genre de questions au moment du bilan de compétences ou de la préparation du concours.

« Partir, déménager, m'organiser était donc vraiment resté de l'ordre de l'inconscient pour moi, j'avais complètement occulté cette dimension de ma transformation professionnelle. »

Est arrivé ce qui devait arriver : j'ai été reçue, et il n'y avait pas de poste en région parisienne. Plus exactement, il n'y en avait qu'un seul, à Argenteuil, dont j'ai su plus tard qu'il avait été attribué au lauréat le mieux classé du concours, qui vivait dans l'ouest de la France – Argenteuil était la ville la plus proche de chez lui, et, les postes étant attribués par classement, il avait obtenu l'affectation de son choix. Les autres postes étaient ouverts à Nice, à Nancy et dans un certain nombre de villes du Nord ou de l'Est qui ne m'attiraient pas du tout, soit parce qu'elles étaient trop éloignées de Paris pour me permettre de maintenir le lien, soit parce que je ne m'y projetais pas ou que j'étais incapable de les placer sur une carte. J'avais donc formulé trois vœux : Argenteuil, Nancy et Nice. Rien d'autre. Je ne me sentais pas prête à m'installer à Charleville-Mézières, le saut était trop important pour moi. Je me trouvais donc dans une situation étrange : si aucun poste parmi ceux que j'avais choisis ne m'était attribué, je risquais d'avoir à renoncer au concours pour lequel j'avais tellement travaillé et auquel, contre toute attente, j'avais été reçue. Pendant deux ou trois jours, j'ai vécu dans un état de panique absolue.

J'ai été un peu déçue de ne pas obtenir le poste à Argenteuil, mais soulagée qu'on m'attribue celui de Nancy, même si je ne connaissais personne dans la région. Nancy n'est qu'à une heure et vingt minutes de Paris en train : certains Nancéiens font la navette tous les jours pour aller travailler. Il est donc facile de se rendre à Paris pour la journée ou pour le week-end, rien d'insurmontable.

Séparée depuis un peu moins d'un an et donc libre de toute attache sentimentale, j'ai décidé d'accepter le poste. J'étais dans le même état d'esprit qu'à l'époque de mes études, j'avais entamé quelque chose, autant aller jusqu'au bout, et rien ne me garantissait que je serais admise l'année suivante au concours. Mon admission a été une telle surprise que j'ai presque vu ma réussite comme un phénomène mystique : si je l'avais eu, c'est que je devais l'avoir. Je figurais tout de même parmi les six lauréats, sur plusieurs centaines de candidats en interne, tous issus de la police !

J'ai prévenu mon employeur le jour même de mon affectation, le 30 novembre 2016. Mon départ précipité l'a réellement ennuyé – pourtant, j'avais pris soin d'alerter les responsables et de les encourager à faire passer des entretiens pour me remplacer. Mais, sans doute un peu comme moi, ils n'imaginaient pas que je décrocherais le concours dès la première année, et ils n'étaient pas préparés. Les dernières semaines, j'ai donc passé des doubles journées au bureau pour transmettre des dossiers en ordre. Je n'avais pas envie de partir « mal », ma conscience professionnelle m'interdisait de laisser mes clients en plan. Rester très tard le soir m'a permis d'assurer une passation la moins brutale possible.

Un atterrissage ouaté

Tout s'est ensuite ouvert facilement devant moi. Dans mon entourage, les gens étaient stupéfaits de ma réussite, je n'ai reçu que des encouragements. J'arrivais dans une ville de province où la vie est beaucoup moins chère, et, même si je gagnais un tout petit peu moins qu'à Paris, j'étais plus à l'aise financièrement. Le loyer de l'appartement dans lequel j'avais choisi de m'installer coûtait 400 € de moins, et je ne laissais plus la moitié de mon salaire en terrasse, vu que je n'avais pas d'amis avec qui partager mes soirées. Du point de vue financier, ma reconversion était plutôt confortable.

J'ai passé les premiers mois dans une espèce de bulle, complètement hors du temps, comme en lévitation. Tout était si nouveau et inattendu ! Je me suis en effet retrouvée cheffe d'un service de police scientifique sans le vouloir et sans la moindre qualification. Je ne m'attendais pas à assumer ce genre de responsabilité juste après le concours, alors que je ne connaissais pas la réalité du terrain. Je n'ai été formée qu'en cours d'année et suis donc arrivée sans rien connaître.

Surtout, je débarquais dans un univers complètement différent de celui que j'avais connu – tellement différent que, au début, j'avais même du mal à me dire que je faisais un nouveau métier. Moi qui étais auparavant constamment sollicitée, sous une pression dingue, je me retrouvais dans un rythme beaucoup moins intense à un poste dont je ne maîtrisais à peu près rien. Je flottais littéralement. Aux yeux de l'équipe, j'ai dû passer pour un ovni, mais ils ont eu la délicatesse de ne pas me le dire. Pourtant, au début, je ne captais rien, zéro. Ils ont peut-être même eu peur : un chef est censé donner des indications, une direction, et, franchement, les premiers mois, à ce niveau-là, je ne servais à rien. Ce n'est qu'en juin 2017, à l'issue de ma formation, que j'ai pu prendre vraiment possession de mon poste et assumer pleinement les responsabilités qui étaient les miennes.

« Je débarquais dans un univers complètement différent de celui que j'avais connu – tellement différent que, au début, j'avais même du mal à me dire que je faisais un nouveau métier. »

Dans une telle situation, autant lâcher prise et s'emparer de ce qui est à votre portée. J'ai pu m'appuyer sur certaines compétences acquises au cours de ma carrière en agence. Dans la police, on devient manager par défaut, en montant en grade. Or, organiser son travail et celui des autres, cela s'apprend et j'en avais l'expérience. En attendant d'être formée spécifiquement pour diriger un service de l'identité judiciaire, je me suis donc occupée de réorganiser un certain nombre de choses qui me semblaient illogiques.

Sous prétexte qu'ils avaient toujours fait comme ça, ce qui n'est pas un argument à mes yeux, les membres de mon équipe travaillaient de façon parfois contreproductive. J'ai réaménagé les bureaux, fait du tri, mis en place des stocks et confié à chacun, en plus de son travail, une mission pour que les choses tournent de façon plus collective et cohérente. Cela a permis à chacun de prendre de l'ampleur et de savoir où il va. En cela, j'ai bel et bien assumé mes fonctions de chef de service. Être chef, ce n'est pas seulement décider, c'est organiser et assumer la responsabilité.

Le fait que j'apporte une touche personnelle les a rassurés. Mais ce qui m'a surtout permis de m'intégrer, c'est que, en plus de mettre les bouchées doubles pour apprendre, m'imprégner, me former, je ne me suis jamais fait passer pour ce que je n'étais pas. Je n'ai jamais prétendu savoir quand je ne savais pas et me suis au contraire appuyée sur ceux qui détenaient l'expertise nécessaire. Les six premiers mois, mon adjoint a répondu pour moi à toutes les questions auxquelles je n'avais pas de réponse. Le fait que je ne me mêle pas de tout sans le moindre recul a déstressé tout le monde.

Six mois plus tard, en juin 2017, une fois ma formation achevée, j'ai pu prendre toute ma place au sein de l'équipe. J'ai commencé par monter des astreintes, un point important en police, puis j'ai assumé des missions de plus en plus conséquentes, et je suis finalement devenue référente. Au bout d'un an, j'étais à l'aise et j'assumais pleinement ma responsabilité.

Et demain ?

Il y a cinq ans, je n'imaginais pas quitter Paris et mes amis, c'était même, je crois, ma plus grande peur. Quand il a fallu s'y résoudre, j'ai fermé les yeux, tenté de ne pas trop y penser, et je me suis jetée à l'eau. J'ai renoncé à pas mal de choses, la vie sociale et culturelle à Paris par exemple, mes amis surtout. Ils me manquent, mais aussi, paradoxalement, le milieu de la mode et de la décoration auquel je reprochais d'être trop superficiel. Je me sens en effet moins d'affinités avec les personnes que je fréquente désormais dans mon cercle professionnel, et l'aspect très administratif du secteur public, aux antipodes de l'efficacité du privé, pèche parfois à mes yeux. Mais je mène une vie beaucoup plus sereine, plus équilibrée, que je n'ai pu me bâtir qu'au prix de certains renoncements. Et puis, j'y gagne aussi au change : les vacances, les horaires encadrés, c'est un tel luxe ! Aujourd'hui, je pourrais revenir vivre à Paris, il suffirait qu'un poste s'ouvre puisque c'est une histoire de mutation. Mais je ne l'envisage pas, je suis bien ici, où je vis.

Je mène des projets personnels qui me tiennent à cœur. En ce moment, j'ai envie d'apprendre l'italien, ce serait ma quatrième langue. Juste pour le plaisir, et parce que j'adore l'Italie. En 2019, j'ai repris des études à l'université de Lorraine, où j'ai obtenu un diplôme en criminologie. J'aime apprendre et j'avais besoin de faire travailler mes neurones. Les modules de criminologie, de médecine légale, de droit, et de pratique des parquets notamment, m'ont apporté une vision plus fine de mon métier mais aussi de celui de personnes avec qui je collabore quotidiennement. Comme mon emploi du temps dépend de celui des intervenants, tous professionnels actifs, médecin légiste, commissaire, etc., j'ai parfois dû récupérer les cours quand j'étais d'astreinte, mais j'ai globalement toujours réussi à m'organiser. Ce diplôme n'a rien changé à ma carrière, mais il m'a beaucoup enrichie. Pour évoluer, il faudra que je change de service. À terme, j'aimerais gérer uniquement du criminel.

« En 2019, j'ai repris des études à l'université de Lorraine, où j'ai obtenu un diplôme en criminologie. J'aime apprendre. »

Je suis fière de m'être lancé le défi de réussir ma vie. Fière de l'avoir accompli. Pour moi, la réussite ne se mesure pas en termes financiers, professionnels ni même familiaux, c'est une question toute personnelle. J'estime avoir réussi, car j'ai aligné qui je suis, ce que je fais et l'image que je renvoie aux autres. A priori, sur le papier, personne n'aurait parié sur mon profil, pourtant j'ai su me réinventer. Et je suis convaincue que ce n'est pas fini.

Je ne finirai sans doute pas ma carrière dans la police, je me réinventerai encore. Je vais évoluer, avoir d'autres envies, c'est un mouvement naturel, la vie est faite de ces étapes. Même si ce n'est pas d'actualité, je sais que ce jour viendra et que ma nouvelle voie valorisera mes compétences essentielles : le sens de l'écoute et de l'observation, ma capacité à manager une équipe, à faire en sorte que les choses fonctionnent de façon saine et logique. Je ne m'illustrerai sans doute pas dans un projet grandiose ou créatif, je n'ai pas de vision, mais je sais faire en sorte que les gens soient bien et s'épanouissent dans leur travail.

Avec le temps, et quand on se reconvertit, on se connaît mieux. On sait ce qu'on garde d'un métier à l'autre, ce dans quoi on est bon ou pas. Au fond, peu importe le métier et le secteur, le plus important est ce que les autres valorisent en vous. Plus que le savoir-faire, plus que les connaissances, ce sont les valeurs humaines, ces « savoir être » au travail liés à l'expérience autant qu'à la personnalité. C'est ce qu'on porte en soi qui fait la différence, quelle que soit la profession.

Il n'est donc jamais trop tard pour se lancer quand on en ressent le besoin. Cela suppose de bien se connaître et de croire en soi, de définir la bonne cible, en toute connaissance de cause, sans fantasmes, et d'être entouré par des personnes bienveillantes qui sauront valider vos choix, vous motiver et vous soutenir. Le plus important est de s'écouter et de ne pas avoir peur.

« Il n'est donc jamais trop tard pour se lancer quand on en ressent le besoin. Cela suppose de bien se connaître et de croire en soi. »

Réussir n'est pas une question de chance. Ma reconversion professionnelle n'est pas un cadeau qu'on m'a fait. Ce sont des heures et des heures de travail et des rencontres. J'ai cherché les bonnes personnes, et la vie a voulu que je rencontre pendant mon bilan de compétences une conseillère formidable, très à l'écoute, qui m'a beaucoup aidée. Nous sommes restées en contact, et elle m'envoie de temps en temps des personnes intéressées par la police scientifique, à qui je parle volontiers de mon métier et de mon parcours. Sans mes parents, je n'en serais pas où j'en suis aujourd'hui non plus. S'ils ne se sont jamais immiscés dans mes choix, ils ne m'ont jamais mis la moindre pression d'aucune sorte non plus. Ils m'ont laissée libre de choisir ma voie, en fonction de mes envies du moment, et j'ai pu me forger ma propre expérience.

La chance, c'est surtout celle qu'on se donne. Je me suis donné les moyens de réussir, j'ai cultivé ma chance. Au regard des résultats obtenus et de la qualité de vie que je connais aujourd'hui, je mérite de m'en remercier.

Le témoignage de Paula

J'ai entamé une reconversion professionnelle il y a un peu plus de trois ans, à mon retour de congé maternité et alors que je venais de quitter le père de mon dernier enfant, avec qui j'entretenais une relation toxique. **Après une carrière d'hôtesse chez Air France, j'ai intégré le service informatique de la compagnie en tant que gestionnaire de ressources**, j'ai repris des études et j'envisage d'intégrer à court terme une école d'ingénieur.

Lost in translation

Mes parents sont nés au Chili et ont fui le régime militaire d'Augusto Pinochet en janvier 1978. Je suis née deux mois après leur arrivée en France, à Vernon, en Normandie, et j'ai passé mes premières années à Gaillon, dans l'Eure, jusqu'à ce que ma mère trouve un emploi d'aide familiale hébergée par l'employeur en région parisienne, à Antony. Mon père était chauffeur de bus. C'est le premier boulot qu'on lui a proposé en France, et il a fait toute sa carrière dans ce secteur, chez Eurolines puis chez les Cars Rouges.

Petite, j'étais d'une timidité maladive. Au parc, quand les autres voulaient jouer avec moi, j'étais tétanisée, incapable de m'approcher. Mes premières années scolaires ont été un véritable calvaire, je paniquais presque à l'idée d'aller à l'école. Je n'avais pas d'amis, je restais à l'écart dans la cour de récréation. Je me rappelle que ma mère, désespérée, comptait les bleus sur mes jambes. Les autres enfants devaient sentir que j'avais un problème. Ils pensaient sans doute le régler en me tapant.

Il m'a fallu plusieurs années pour sortir de ma bulle. Mes parents répétaient qu'ils retourneraient vivre au Chili un jour. Écartelée entre mon pays d'origine et celui où je grandissais, il m'était difficile de m'attacher et de me projeter. J'étais si réservée que j'étais devenue mutique. À la maison, on ne parlait qu'espagnol, tandis qu'à l'école, tout le monde parlait français. Je comprenais tout ce qui se disait autour de moi, mais je préférais ne rien dire.

Aucun enseignant de maternelle ne s'est interrogé sur mon attitude. Une enfant calme, qui fait tranquillement ce qu'on lui demande, c'est du pain béni ! À l'époque, notamment dans l'établissement où j'étais scolarisée, les enfants d'immigrés n'étaient pas nombreux. Cela explique peut-être que personne ne se soit alarmé. N'empêche, si je n'avais pas eu la chance de rencontrer mon institutrice de CP, je n'en serais sans doute pas là où j'en suis aujourd'hui. Ma situation lui a semblé suffisamment préoccupante pour qu'elle en parle à mon père et comprenne, en l'écoutant, que je n'étais ni stupide ni déficiente, mais que j'avais besoin d'aide. Plutôt que de m'abandonner à mon sort, elle a choisi de s'impliquer et de me donner un coup de pouce salutaire. Pendant plusieurs mois, elle m'a prise en cours particulier le matin, dix minutes avant la classe.

« Ce sont des personnes comme cette femme extraordinaire qui permettent d'oser, d'avancer, de se transformer dans la vie. »

Ce sont des personnes comme cette femme extraordinaire qui permettent d'oser, d'avancer, de se transformer dans la vie. Grâce à elle, j'ai commencé à m'ouvrir. J'ai rattrapé mon retard, appris à lire, à écrire et à parler français. Je suis même devenue une crack en orthographe et en grammaire ! Aller à l'école est devenu un plaisir, je me suis intégrée. Deux ans plus tard, pendant l'année de CE2, j'ai noué trois amitiés pour la vie, dont l'une d'elles est toujours essentielle.

La tête dans les nuages

Contrairement à beaucoup de petites filles, je n'ai longtemps rêvé d'aucun métier. Jusqu'à l'adolescence, mon quotidien me suffisait. Mais, vers 15 ans, j'ai commencé à me projeter. Le métier d'hôtesse de l'air me faisait rêver. J'ignore d'où me vient cette vocation, car personne autour de moi n'exerçait ce métier. Mais je grandissais dans une famille immigrée, j'étais arrivée en France dans le ventre de ma mère, à bord d'un avion long-courrier. Inconsciemment, j'avais peut-être envie de réunir ces deux parties de moi. Quand je suis entrée chez Air France, mes parents l'ont vécu comme une sorte d'achèvement, comme si la boucle était bouclée. J'allais construire une carrière au sein de la compagnie à laquelle appartenait l'avion d'où nous avions débarqué !

Cela dit, je n'ai pas choisi mes études en fonction de mes ambitions professionnelles, mais plutôt de mes goûts et de mon tempérament. J'étais bilingue français/espagnol alors, après un bac littéraire, je me suis orientée vers une fac de langues et un LEA allemand/anglais. Au lieu de m'engager dans une filière confortable mais bouchée, je trouvais plus intéressant d'élargir mes compétences et d'acquérir deux nouvelles langues, même si c'était plus difficile. En parallèle, je faisais des petits boulots pendant les vacances. J'aurais pu être embauchée chez France Télécom comme opératrice aux renseignements internationaux. J'ai préféré poursuivre mes études.

C'est mon premier conjoint qui, d'une certaine manière, m'a mis le pied à l'étrier. Inscrit au Centre de formation par l'apprentissage des métiers de l'aérien, il se préparait à devenir mécanicien chez Air France. L'école proposait une mention complémentaire « Accueil dans les transports » qui formait au métier d'agent d'escale commercial, c'est-à-dire d'hôtesse au sol. J'y ai vu une première porte pour accéder à mon rêve et je me suis lancée. La compagnie m'a proposé de devenir navigante dès mon premier entretien. Mais mon conjoint m'a posé un ultimatum : c'était soit lui, soit le métier. J'étais amoureuse, j'avais 20 ans : j'ai choisi mon couple. Et je ne l'ai pas regretté.

> « J'y ai vu une première porte pour accéder à mon rêve et je me suis lancée. La compagnie m'a proposé de devenir navigante dès mon premier entretien. »

J'ai énormément appris au sol. Pendant cinq ans, je me suis occupée des passagers en correspondance à Roissy. J'adorais les accompagner à travers les terminaux, parfois en courant quand la correspondance était courte. Je les attendais à la descente de l'avion, un petit panneau à la main, et nous traversions les halls au pas de course. Certains voyageurs n'auraient rien eu contre le fait de passer une nuit tous frais payés à Paris, mais ils étaient conscients de s'épargner beaucoup de stress et de fatigue, et nous étaient reconnaissants du service que nous leur apportions.

J'ai bifurqué à la faveur d'une sélection en interne. Je suis passée des pistes, où j'étais en chaussures de sécurité, au salon VIP Affaires et Première où je devais travailler, tirée à quatre épingles, en tailleur et en talons. Même si je ne volais pas encore, mon rêve professionnel se rapprochait. Je travaillais dans un cadre d'exception, au contact d'une clientèle exigeante et choisie, personnalités de haut vol, stars, grands patrons, sportifs internationaux. Des personnes adorables et bien plus abordables qu'on ne pense, mais qu'on ne croise jamais. Je me sentais privilégiée. Je me suis prise au jeu, et, comme on me voyait déjà comme une hôtesse de l'air, l'idée de voler a de nouveau germé peu à peu dans ma tête, et j'ai fini par m'inscrire à une nouvelle sélection en interne. L'épreuve, composée de tests psychotechniques, d'un test de niveau en anglais et d'un entretien avec un recruteur navigant, était à ma portée.

Se sentir alignée avec soi

À l'époque, j'étais séparée de mon premier compagnon. Je n'avais donc plus de conflit de loyauté à gérer entre mon couple et ma profession. J'étais déjà maman et j'avais le soutien de mes parents, qui m'encourageaient à me donner les moyens d'accomplir mes rêves. Ma mère surtout, car mon père était un peu dubitatif. Pour lui, comme pour beaucoup de gens d'ailleurs, une hôtesse de l'air était une serveuse de l'air. Il a changé d'avis quelques mois plus tard, en me voyant apprendre les procédures de l'avion. Il a mieux mesuré mon ambition.

Quand on voyage, on ne perçoit que l'aspect de service du métier, pas la formation en sécurité, pourtant indispensable en cas de catastrophe. Les personnels navigants sont formés à se servir de la radio, à prendre la main dans le cockpit, à porter secours aux pilotes et aux passagers. Pour exercer ce métier, il faut avoir une forte résistance au stress et un grand courage. Réagir calmement en cas de problème, prioriser les blessés, soigner les gens n'est pas donné à tout le monde. On s'en rend compte très vite au cours de la formation, quand on visionne des vidéos d'interventions d'urgence.

Le métier de personnel navigant est un métier à part, pour lequel je me sentais faite. La vie m'en a offert la confirmation quelques années plus tard, à l'issue d'un vol en équipe avec la femme qui m'avait recrutée. Elle m'avait reconnue tout de suite, elle qui avait fait passer des milliers d'entretiens dans sa carrière, et, d'après ce qu'elle m'a dit alors, notre vol avait conforté sa décision de recrutement. Cela m'a fait beaucoup de bien de m'entendre dire que j'étais au bon endroit, que j'étais faite pour mon métier et que je le faisais bien. Dans la mesure, surtout, où ce métier que j'affectionnais tant commençait à créer des tensions dans ma vie personnelle... Mais n'anticipons pas trop.

« Cela m'a fait beaucoup de bien de m'entendre dire que j'étais au bon endroit, que j'étais faite pour mon métier et que je le faisais bien. »

J'ai donc suivi la formation Air France, financée par la compagnie, tout en continuant à travailler au salon La Première. À la même époque, j'ai rencontré mon deuxième compagnon, avec qui j'ai eu ma deuxième fille. Tout était parfaitement aligné dans ma vie. J'étais amoureuse, deux fois maman, je me formais au métier de mes rêves et j'avais assez de temps libre pour vivre loin de Paris. Nous nous étions même lancés dans le projet de faire construire une maison.

Le jour où j'ai appris que, contrairement aux promotions précédentes, je ne serais pas affectée en long-courrier, j'en ai pleuré de déception. J'avais l'impression que mon rêve s'effondrait. J'ai pourtant fini par m'en accommoder et par y trouver des avantages. Quand on vole en court-courrier, on reste en France et, en cas de problème, on peut toujours rentrer par le train. C'était parfait avec des enfants en bas âge : je n'avais que six découchés par mois et je n'étais jamais loin.

Cette première déception a pourtant renforcé mon désir de voler plus loin, en rotation plus longue. J'ai commencé à poser quelques vols en moyen-courrier en bi-base sur Roissy, et me suis progressivement familiarisée avec le métier d'hôtesse de l'air tel que j'avais l'ambition de l'exercer. Je touchais mon rêve du doigt. Je me rappelle certaines escales merveilleuses, une balade à vélo à Budapest, une visite exceptionnelle de Rome, des séances d'anthologie de shopping à Londres. J'ai pris le temps de mûrir ma décision. Sur moyen-courrier, j'avais trouvé ma place. J'ai décidé de m'y spécialiser. Tout, dans ma vie, était de nouveau aligné.

Premières tensions

Malheureusement, mon conjoint ne vivait pas très bien mes nouvelles fonctions. Fonctionnaire de police, il avait de grosses journées et trouvait difficile que je passe moins de temps à la maison. Nous avions désormais deux enfants ensemble – mon aînée vivait avec nous –, ainsi qu'une jeune fille au pair colombienne avec qui mes enfants pouvaient parler espagnol et qui prenait le relais quand je partais travailler. Mes absences créaient des tensions, des non-dits, dans notre couple. Mon conjoint n'en parlait pas – pas suffisamment, en tout cas –, et moi je vivais mon métier comme ma bulle. J'étais femme et maman à fond quand j'étais à la maison, mais hôtesse à 100 % quand je travaillais. Voler était ma parenthèse.

Les problèmes de communication peuvent avoir des conséquences désastreuses dans un couple. Surtout quand on travaille à distance et qu'on est séparé régulièrement. Tout doit reposer sur la confiance, ce qui n'était plus le cas entre nous. Sans m'en parler, mon compagnon avait des doutes sur mon emploi du temps en escale et sur les personnes que je fréquentais – alors que j'ai appris plus tard, au moment de notre séparation, qu'il n'hésitait pas, de son côté, à voir d'autres femmes en mon absence. Bref, j'avais commis l'erreur, au début de mes rotations en moyen-courrier, de lui donner le numéro de l'hôtel où je descendais en escale. Il m'appelait le soir pour faire le point sur la journée. Quand notre relation a commencé à se détériorer, ce fonctionnement est devenu toxique.

Comme cette fois où nous étions à Rome pour une escale assez longue. L'équipage était descendu au Sofitel derrière le Vatican, et le copilote nous avait proposé de visiter la ville en compagnie de sa femme, une Italienne qui connaissait Rome comme sa poche. C'était ma première escale dans cette ville, j'étais ravie. Nous étions convenus de passer rapidement déposer nos affaires à l'hôtel et de nous retrouver dans le hall. Je n'avais donc pas le temps de faire le point comme d'habitude avec mon conjoint. Évidemment, ce soir-là, il y avait un souci à la maison avec ma grande, et il a très mal pris que je ne sois pas disponible pour en discuter avec lui. J'ai eu beau lui proposer par SMS d'en parler le lendemain, il s'est enflammé, et la conversation est partie en vrille. J'ai fini par éteindre mon téléphone pour profiter de ma soirée romaine. Je n'avais pas envie de tout gâcher avec des problèmes domestiques alors que j'étais à plus de mille kilomètres et qu'on y verrait tout aussi clair après une bonne nuit de sommeil.

Les personnels navigants ont l'art de tisser des liens de confiance. Souvent, les membres d'un équipage ne disposent que d'un briefing de quinze minutes pour faire connaissance, mais cela suffit à ce que le groupe se soude avant d'embarquer. Les voyageurs n'y voient que du feu, convaincus que l'équipage vole ensemble depuis des années tant les interactions sont fluides, naturelles. En escale, c'est pareil, on se confie facilement. On parle de sa vie, on évoque ses soucis, on pose des questions, on partage

> « Les membres d'un équipage ne disposent que d'un briefing de quinze minutes pour faire connaissance, mais cela suffit à ce que le groupe se soude avant d'embarquer. »

les solutions. C'est très enrichissant, mais aussi très compliqué à comprendre quand on n'appartient pas à ce monde. Ce soir-là, en parlant avec mes collègues, j'ai compris que mon compagnon n'avait pas à entrer dans mon temps de repos, tout comme je n'intervenais pas dans le sien pendant ses journées de travail. En lui donnant systématiquement le numéro où me joindre en escale, je m'exposais au risque, en cas de conflit, ou tout simplement si je n'étais pas joignable, que les choses se passent mal. Ce soir-là, c'est exactement ce qui s'était produit.

Le lendemain, en rallumant mon téléphone, j'ai trouvé un message dans lequel il s'excusait de s'être emporté. Mais le ver était dans le fruit, et la communication entre nous s'est peu à peu dégradée. Les personnels navigants ont la réputation, généralement fantasmée, de mener une vie légère. Ce n'était pas du tout mon cas, mais, en permettant à mon compagnon de me « surveiller », j'avais laissé la graine du doute germer, et elle ne cessait de grandir. J'ai tenté de dissiper ses craintes en l'emmenant avec moi sur plusieurs rotations, pour qu'il comprenne mieux mon métier. Là encore, j'ai commis l'erreur de choisir des rotations longues à Venise, Turin, Montpellier, pour qu'on puisse en profiter. Air France planifie des escales de dix-sept heures minimum, quand les autres compagnies les réduisent à onze heures. Résultat, mon compagnon a considéré que je prenais des petites vacances au travail et n'a pas compris pourquoi j'étais fatiguée lorsque je rentrais.

Ces divergences ont conduit à notre séparation. Au bout d'un an de cohabitation, j'ai découvert qu'il avait eu une histoire en parallèle de la nôtre et je lui ai demandé de partir. Nous avions pris le temps pour les enfants, mais j'étais arrivée au bout de cette logique. Je gérais tout, pour lui rien n'avait changé, si ce n'est qu'il occupait la chambre d'amis. J'ai fini par en avoir assez de faire semblant. J'ai gardé la maison, dont je pouvais assurer les traites avec mon salaire de l'époque, supérieur au sien, et il s'est installé en appartement. Comme nous étions pacsés, nous sommes passés devant le juge aux affaires familiales pour organiser la garde compatible avec mon emploi du temps : la semaine chez maman, le week-end chez papa. Il avait moins de logistique à assumer, et je m'organisais pour voler le week-end.

Fin de partie

J'ai continué à voler jusqu'à ce que mon histoire d'amour avec mon troisième compagnon vienne mettre un terme à ma carrière. J'ai rencontré cet homme, avec qui j'ai eu mon quatrième enfant, un an après ma séparation d'avec mon précédent compagnon. Malgré notre différence d'âge, un peu plus de dix ans, nous nous sommes plu immédiatement. Au début, tout semblait si simple, si carré ! Je me sentais comprise, soutenue, quasiment prise en main par ce jeune militaire de carrière très organisé. Je ne me suis pas rendu compte que j'entrais dans une relation d'emprise particulièrement toxique, qui aurait pu me coûter la vie. J'enrage encore aujourd'hui, même si j'ai tourné la page, d'avoir cherché à le défendre, à le comprendre, à l'excuser, alors que son comportement était inexcusable.

« Je pouvais compter sur lui pour garder les enfants au débotté quand je devais partir voler. »

Il me semblait fiable et c'était ce dont j'avais besoin. Je pouvais compter sur lui pour garder les enfants au débotté quand je devais partir voler. Il était touchant, dans sa volonté de bien faire et d'assurer : la première fois que je lui ai confié les enfants, il n'avait jamais changé de couche de sa vie, je m'en suis aperçue dès mon retour, mais tout le monde semblait bien s'amuser.

J'ai cru à la belle vie. Très vite, nous sommes partis en rotation ensemble à Tel Aviv, où je posais mes valises deux fois par mois en escale. C'était ma destination, je m'y étais fait des amis, j'y avais mes habitudes. Mes parents m'ayant laissée libre de choisir ma religion – fait rare, car au Chili on est plutôt catholique et pratiquant –, j'étais en train de me tourner vers le judaïsme. Ce pays m'appelait, tout simplement. J'ai été très heureuse de l'emmener y passer trente-six heures avec moi, et il semblait avoir beaucoup apprécié nos escapades à la plage, au restaurant, ou les rencontres avec mes amis.

En réalité, je refusais de voir ce qui dissonait. Pour avoir été mal jugée, j'évite à tout prix de juger à mon tour, je suis donc extrêmement tolérante envers les autres. Pourtant, j'aurais dû voir son racisme diffus, son antisémitisme même... Mais j'ai préféré lui trouver des excuses et des circonstances atténuantes, je me suis mise à « jouer les psy ». Il avait eu une enfance difficile, un père violent et une mère partie avec une femme alors qu'il était âgé d'une douzaine d'années. Sous prétexte que consulter c'est pour les faibles, il refusait de se faire aider, et moi j'épongeais. J'étais atteinte du syndrome de la sauveuse. J'acceptais qu'il vérifie ma liste d'appels, contrôle mon emploi du temps ou l'heure à laquelle j'avais consulté ses messages sur WhatsApp quand j'étais en rotation.

Cette fois, les alertes de mes collègues n'ont pas suffi. Il a fallu que la situation s'aggrave pour que je prenne conscience que notre relation avait dérapé. Combien de fois a-t-il mal parlé de leur père devant mes enfants métisses ? Ma fille aînée ne le supportait pas, elle avait tout de suite compris le personnage. Moi, je n'en étais pas encore là. Au contraire, je me suis lancée bille en tête dans des projets à deux. Il aurait aimé me racheter les parts de la maison de mon ancien conjoint, moi je préférais tout recommencer. J'avais envie qu'on construise quelque chose de neuf ensemble. J'ai donc mis la maison en vente.

Les choses ne se sont pas du tout passées comme prévu. Je suis tombée enceinte moins de six mois après notre rencontre, et nous avons décidé que je m'installerais chez lui, à Versailles. J'aurais pu décider de ne pas garder cet enfant, mais l'avortement ne fait pas partie de mes convictions. Je ne reproche à personne d'y avoir recours, le corps d'une femme lui appartient, je suis absolument d'accord avec cette idée, mais je n'ai jamais pu envisager de mettre un terme à une de mes grossesses. Le climat épouvantable dans lequel s'enfonçait ma relation de couple m'a pourtant poussée les premiers mois à une certaine ambivalence. J'espérais secrètement qu'un événement extérieur provoquerait une fausse couche. En réalité, j'étais extrêmement stressée.

« Cet homme exerçait une emprise de plus en plus angoissante sur ma vie. Nous vivions dans le conflit permanent, j'étais sur mes gardes, épuisée, constamment en train de me battre, de me justifier. »

Cet homme exerçait une emprise de plus en plus angoissante sur ma vie. Nous vivions dans le conflit permanent, j'étais sur mes gardes, épuisée, constamment en train de me battre, de me justifier. Mon conjoint contrôlait tout, la façon dont je m'habillais, ce que je mangeais – il préparait les menus de la semaine, collait des Post-it couverts d'ordres sur la porte d'entrée. En somme, il régentait mon quotidien par une série d'injonctions que j'avais intérêt à respecter, sous peine qu'il explose. Chaque fois que je dérivais ne serait-ce qu'un peu de l'ordre du jour, je me prenais de véritables soufflantes, j'avais l'impression d'être une gamine, de régresser. En bon pervers narcissique et manipulateur, il partageait nos moments de bonheur sur Facebook, comme une espèce de vitrine. En public, j'étais la femme parfaite, il m'exposait comme un trophée. En privé, il m'humiliait, me rabaissait. Je vivais un enfer. J'étais devenue incapable de me séparer de lui, incapable de le tenir à distance… et la vente de la maison a tout précipité.

En novembre 2016, le juge aux affaires familiales m'a refusé la garde de mes deux cadets. J'avais monté un dossier et tout organisé pour les emmener avec moi à Versailles, j'avais même trouvé une école spécialisée pour les accueillir, car ils sont précoces tous les deux. Mais le juge a suivi les arguments de leur père, qui a plaidé pour la stabilité. Quand un acheteur s'est présenté pour la maison quelques semaines plus tard, je me suis retrouvée sans mes enfants, chez un conjoint violent, loin de mes amis… et en « inaptitude temporaire », affectée au sol, car Air France interdit de vol les hôtesses à partir de leur quatrième mois de grossesse. Rien de plus normal : comment porter secours à des passagers quand on est enceinte jusqu'au cou ? Quand des acheteurs intéressés se sont positionnés pour acquérir la maison, ma vie a pris un tournant très dur.

J'étais isolée, et tout s'est dégradé très vite. J'avais l'impression de perdre des parties de moi et de courir après une chimère, en me berçant de l'illusion que, entre mon nouveau compagnon et moi, les choses pouvaient marcher. J'ai accouché quatre jours après mon arrivée à Versailles et compris dès mon retour de la maternité que notre couple et notre famille n'avaient pas d'avenir. Mon conjoint était heureux, mais aussi contrarié. Je lui échappais : mon attention était naturellement tournée vers le petit, d'autant plus que je n'avais plus mes autres enfants avec moi et que j'allaitais, ce qu'il avait insisté pour que je fasse mais me reprochait désormais… Bref, son comportement n'était qu'une somme d'incohérences.

La première fois qu'il a levé la main sur moi, nous étions le 8 mars, Journée internationale des droits de la femme. Tout est parti d'une discussion absurde qui n'aurait de toute façon jamais dû en arriver là. Il m'a tenue plaquée au sol pendant dix minutes, et mes cris n'y ont rien changé. Il se marrait, fier comme un paon de me montrer qu'il était le plus fort et que ses prises militaires étaient efficaces. J'avais conscience d'être dans une situation critique et qu'une limite avait été franchie.

Ce soir-là, quand les choses sont un peu retombées, qu'il est revenu de la pharmacie et m'a retrouvée en chien de fusil sur le lit de ma fille aînée, j'ai réussi à formuler que je ne voulais pas continuer à vivre dans ces conditions et que j'allais partir. Il a réagi en se moquant de moi. Où allais-je bien pouvoir vivre, étant donné que je n'avais plus de maison ? La voiture lui appartenait pour moitié, je n'avais pas d'amis à proximité. Et puis, de toute façon, je ne pouvais pas lui enlever son fils, etc. Il était convaincu d'avoir gagné.

« Je n'en ai pas moins commencé à organiser mon départ, en secret. »

Je n'en ai pas moins commencé à organiser mon départ, en secret. Et, concernant mes amies, il se trompait du tout au tout. Deux d'entre elles, fidèles parmi les fidèles, avaient compris à quel individu j'avais affaire. Je les ai appelées à l'aide. Sur leurs conseils, j'ai pris contact avec une association pour femmes battues, dans laquelle j'ai pu être suivie par une psychologue, qui m'a accompagnée pour mettre la suite en place. Une de mes amies m'a aussi proposé d'aller me réfugier dans une maison appartenant à son père, à Fontainebleau. Pour être certain de ne pas me perdre de vue, mon conjoint avait placé un mouchard dans mon téléphone, que je mettais donc en mode avion pour être tranquille quand j'étais en rendez-vous avec la psychologue. Évidemment, quand je rallumais mon téléphone, de retour à la maison, je découvrais des dizaines d'appels en absence et de textos furibonds.

Quand il a compris que j'allais partir pour de bon, il m'a fait vivre un véritable cauchemar. Vers la fin mars, il est monté sur le bord de la fenêtre de notre chambre et m'a menacée de sauter si je le quittais. Ma fille aînée dormait dans la chambre d'à-côté, et le petit, avec qui je pratiquais le cododo, a assisté à la scène. Terrifiée à l'idée qu'il saute, je me suis précipitée auprès de ma fille pour lui confier son petit frère et j'ai tenté de raisonner mon conjoint. J'ai eu tort de ne pas appeler la police ou les pompiers, car mon cauchemar se serait arrêté là. Sur le moment, j'ai préféré épargner à mes enfants l'arrivée précipitée des forces de l'ordre et tenter de le calmer. Avec le recul, je sais que j'ai commis une erreur et que j'ai pris le risque, au contraire, que la situation s'aggrave davantage. Les hommes comme lui n'ont pas de limites, ils entretiennent des rapports violents avec les femmes et sont capables du pire pour avoir le dernier mot. Certes, ce jour-là, il s'est calmé, je l'ai consolé. Mais le lendemain, il s'est remis à agir comme si de rien n'était. Rien n'avait changé.

En parlant avec la psychologue, avec qui j'avais rendez-vous le jour suivant, j'ai compris que je devais partir le plus tôt possible, en son absence, sans négocier. On ne négocie pas avec ces hommes-là. En vingt-quatre heures, j'avais pris conscience qu'il n'attenterait jamais à sa vie et que la mienne était en danger.

Il s'est passé une semaine, jusqu'à ce qu'une nouvelle crise précipite mon départ. Ce jour-là, j'étais allée me promener en forêt avec le petit, je m'étais perdue, j'avais le sentiment d'avoir vécu une aventure, mon conjoint m'avait guidée avec bienveillance par téléphone, l'ambiance au retour était bonne, et la soirée se déroulait bien. Tout a dérapé quand il s'est mis à insister pour qu'un de ses collègues fasse des photos de notre famille. Je me suis rendu compte que je ne pouvais pas faire semblant. Nous n'étions pas une famille, je ne pouvais pas jouer la comédie devant l'objectif et lui offrir la possibilité de prétendre que tout allait bien alors que, en réalité, notre relation était épouvantable. Il était hors de question pour moi de poser pour mimer la famille heureuse. Le ton est monté, il s'est mis à me poursuivre dans l'appartement en me criant dessus, il a fini par m'attraper par les bras et par me secouer. J'ai eu un flash, je me suis sentie capable de le tuer et je l'ai menacé. Soudain, il m'a lâchée et m'a crié de prendre la porte.

« Je me suis rendu compte que je ne pouvais pas faire semblant. »

Dans ma tête, cela n'a fait ni une ni deux. Il me demandait de partir, je devais absolument saisir cette opportunité ! J'avais trouvé la sortie en le poussant à me jeter dehors. Tandis que je me dépêchais d'enfiler des chaussures, il hurlait que je ne lui prendrais pas son fils. J'ai réussi à attraper mon sac et à fuir, alors qu'il essayait de bloquer la porte. Dans l'escalier, il m'a crié que je pouvais aller voir les flics si cela me chantait. C'est ce que j'ai fait.

Je me suis présentée au commissariat de Versailles en larmes, complètement dépenaillée, et j'ai déballé toute mon histoire. Je voulais à tout prix récupérer mon bébé. Le commandant a décidé d'intervenir le soir même, en douceur, pour éviter de traumatiser le petit. Puis il m'a demandé de m'engager à porter plainte, ce que j'ai évidemment accepté. Je me suis présentée à l'appartement avec plusieurs fonctionnaires de police, devant qui mon conjoint a d'abord prétendu ne pas comprendre comment une banale dispute pouvait mener à de telles extrémités. Puis, quand la policière qui m'accompagnait lui a demandé de se taire, il s'est mis à hurler des horreurs sur mon compte, à cracher que j'étais instable au point que le juge m'avait retiré la garde de mes enfants. J'étais estomaquée. Les forces de l'ordre lui ont intimé l'ordre de se tenir dans un coin de l'appartement pendant que je réunissais un maximum d'affaires en hâte, et nous avons récupéré mon bébé.

À 2 heures du matin, après avoir déposé plainte, j'ai débarqué chez une amie qui est devenue la nourrice de mon fils et, trois jours après, j'étais installée dans la maison de Fontainebleau.

En route vers un nouveau métier

Au moment de reprendre le travail au retour de mon congé maternité, le médecin du travail s'est rendu compte que je n'allais pas bien. Pendant ma période d'inaptitude temporaire, stressée par ma relation conjugale et les réactions violentes de mon conjoint à l'encontre de mon métier d'hôtesse, j'avais commencé à développer des angoisses à l'idée de voler. Depuis ma séparation, le fait de laisser mon fils pour partir loin me terrifiait : je redoutais que son père ne découvre où il était gardé et ne l'emmène. Le médecin a décidé de ne pas prendre le moindre risque. Le syndrome de la chambre d'hôtel est une réalité. On n'en parle pas, mais les suicides de personnels navigants en escale ne sont pas si rares. Se retrouver seul dans une chambre d'hôtel, loin de ses proches, peut pousser une personne fragile à cogiter et à passer à l'acte. Air France cherche à préserver ses équipes. Le médecin m'a donc proposé de prolonger mon affectation au sol et de faire le point six mois plus tard.

Pour moi a commencé une période assez stressante. Je savais que je ne revolerais plus : j'avais trop à y perdre et je refusais d'exercer mon métier à moitié, en faisant des allers-retours en journée sur court-courrier. Je préférais chercher une nouvelle voie professionnelle. J'ai d'abord préparé un dossier pour devenir formatrice de personnels au sol et en vol au Centre de formation par l'apprentissage aux métiers de l'aérien. J'ai passé un entretien, et mon profil mixte sol/air les a intéressés. Mais ma formation au Greta n'a pas été prise en charge par le Fongecif – je dois reconnaître que ma lettre de motivation n'était pas brillante et que j'ai déposé ma candidature au mois de juin, un moment de l'année où les budgets sont à sec. J'ai donc poursuivi mes recherches, de plus en plus certaine de ne plus vouloir voler.

Lors de la visite médicale suivante, j'ai fait part de ma décision au médecin du travail, qui m'a alors demandé de rencontrer le psychiatre de l'entreprise avant de valider mon choix, définitif, de renoncer à la licence. Au cours de la consultation, le psychiatre m'a demandé de visualiser mon départ en rotation : habillée, valise en main, je monte en voiture et fais la route jusqu'à la Cité PN. Je me suis effondrée en larmes à la seule idée de remonter dans un avion. Le psychiatre a compris que ma décision était irrévocable et m'a accordé un mois pour m'organiser. Depuis, bien sûr, j'ai revolé en tant que passagère. La première fois, j'ai eu une boule au ventre en salle d'embarquement, les mains moites sur la passerelle, l'odeur de l'avion me stressait. Mais, au bout d'un quart d'heure, j'ai commencé à ressentir le bien-être qui était le mien à l'époque où j'étais hôtesse de l'air. J'adorais mon métier et je me retrouvais à la maison. Le plus dur, finalement, était de sauter le pas. Pourtant, j'étais sûre de ma décision : j'ai fait le bon choix, pour moi et pour mes enfants. Cette période de ma

« Cette période de ma vie professionnelle est derrière moi et, aujourd'hui, je ne le regrette pas. »

vie professionnelle est derrière moi et, aujourd'hui, je ne le regrette pas.

J'ai cherché seule pendant plusieurs mois, sans appui véritable du service des ressources humaines, comment réorienter ma carrière. J'ai d'abord postulé, par le biais d'une bourse d'emploi ouverte aux salariés de la compagnie, à un poste en maintenance. En oxygénation, c'est-à-dire en prenant connaissance du poste en observation, j'ai compris que je ne trouverais pas mon compte dans cet emploi de saisie qui m'apparaissait comme une voie de garage. J'ai donc décliné l'offre. C'est alors que la référente qui m'avait suivie pendant le processus d'inaptitude définitive a pris contact avec moi. Elle se rappelait que j'avais le souhait de devenir formatrice. Des postes étaient vacants à l'école des personnels navigants. La journée d'observation m'a enchantée, j'étais dans mon milieu sans être dans l'avion. Mais, en fin de journée, au moment de faire le point sur les horaires, j'ai déchanté : trois jours dans la semaine et deux demi-journées avec des amplitudes importantes, et les plannings tournaient ! Il me semblait impossible de m'en sortir seule avec mes quatre enfants. J'ai pris le temps de réfléchir et d'en parler à une amie qui avait quitté un poste identique. Elle m'a convaincue que je ne m'en sortirais pas. Un job passionnant mais des journées à rallonge, un salaire moins important et des charges de garde d'enfant démultipliées : le poste était trop exigeant, et je n'étais pas assez disponible.

La responsable du service inaptitude n'a pas désarmé et m'a mise en contact avec le service informatique. Une mission de trois mois s'ouvrait en tant que gestionnaire de planning. Je suis allée à l'entretien, et tout s'est ouvert devant moi. Super feeling avec le manager et avec le chef de service. À l'issue de l'entretien, auquel j'étais pourtant arrivée en retard, ce dernier me serre la main et me dit : « Bienvenue dans l'équipe ! »

Nouvelle vie, nouveau métier

J'ai rapidement compris que j'étais dans mon élément. J'étais chargée de la planification de la formation réseau des personnels du plateau de supervision réseaux, en renfort du titulaire manifestement débordé. Au bout d'un mois, j'étais à l'aise avec l'outil. Quelques semaines plus tard, la formation spécifique n'a donc fait que valider mon expérience et ma compétence, acquise en poste avec le seul support de l'assistance à maîtrise d'ouvrage. Puis ma mission a été prolongée de six mois, et j'ai commencé à me projeter durablement dans le service et dans ce nouveau métier. Aujourd'hui, je gère le planning de l'équipe de supervision réseaux, je suis chargée de la rédaction de la documentation support de l'équipe et des comptes-rendus de réunions, et je travaille sur des architectures de réseaux informatiques.

L'ironie veut que le père de mon dernier enfant travaille dans la même branche que la mienne désormais, en tant qu'administrateur réseau. Il est arrivé à ce poste au bout de nombreuses années de pratique en tant que technicien. Le fait qu'on me propose aujourd'hui le même poste alors que je n'ai pas son expérience, mais le même niveau que lui, acquis à la faveur de formations successives et sur le terrain en deux ans à peine, me donne une énorme confiance en moi. Je suis fière d'avoir relevé le défi et j'ai hâte de pouvoir annoncer sur LinkedIn que j'ai franchi ce cap, ne serait-ce que pour montrer à cet homme, qui me rabaissait en permanence, que je suis tout aussi capable que lui.

« Je suis fière d'avoir relevé le défi et j'ai hâte de pouvoir annoncer sur LinkedIn que j'ai franchi ce cap. »

Pourtant, à l'époque où nous vivions ensemble, son métier ne me parlait pas. Je ne comprenais pas comment il pouvait passer des heures sur son ordinateur à chercher une réponse précise. Et aujourd'hui, c'est ce que je fais ! Je ne lâche rien et je suis prête, en passant de forum en forum, à consacrer le temps qu'il faut pour obtenir la solution à un problème qui se pose. Tout est parti, au fond, de ma curiosité naturelle et de mon besoin de comprendre, je déteste rester dans le flou. Mon chef n'a pas tout de suite compris mon intérêt pour les réseaux, c'est une collègue ingénieure, en mission comme moi à l'époque, qui m'a encouragée à me lancer dans la certification Cisco pour postuler en supervision sur le plateau. De leur côté, mes collègues ont été séduits par l'idée qu'une femme les rejoigne en tant que titulaire. Si je décrochais le poste, ce serait une grande première.

Au départ, pourtant, je ne suis pas sûre que les vingt-six membres de ce service exclusivement masculin auraient donné cher de mes capacités. À leurs yeux, j'étais la gentille hôtesse de l'air, féminine, soignée, sociable. J'ai dû me faire une place. Mais ma personnalité solaire et ma façon, inédite pour eux, de gérer le planning et les informations leur a fait mesurer que je pouvais apporter quelque chose de nouveau et de pertinent. Surtout, j'ai pris le temps de parler avec chacun d'eux et de m'intéresser. Mon relationnel, développé au cours de ma première carrière, mon contact facile avec les gens m'a été très utile pour intégrer cette équipe. Je sais qu'ils me prendront sous leur aile.

Je dois beaucoup à un formateur indépendant, associé à Cisco, dont les cours m'ont captivée et qui m'a accompagnée tout du long sur le parcours de certification. Je suis tombée dedans, avec passion. Je me suis organisée sur mon temps de travail, avec la bénédiction officieuse de mon chef, qui me laissait faire dans la mesure où j'assurais ma mission, ce qui ne me posait aucun problème – la logique de la planification coule de source pour moi. Résultat, je suis parvenue à ménager deux heures par jour sur mon temps de travail pour ma formation.

Pour pouvoir travailler en supervision sur le plateau, qui intervient dans l'urgence, en gestion de crise, je dois maintenant acquérir de l'expérience. Au premier trimestre 2021, j'intégrerai normalement le poste d'administrateur réseau pour faire mes armes. J'ai pour moi de connaître personnellement tous les membres de l'équipe et la culture de ce service qui réunit des cadres support très exigeants – parfois, leurs caprices de divas nous font rire, le manager et moi. Mais je jouis d'un positionnement particulier, entre le responsable du service, dont je suis les directives, et ces techniciens de haut vol que je cherche toujours à arranger, tant qu'on ne déroge pas à la règle.

« Il me reste du chemin pour atteindre l'objectif professionnel que je me suis fixé, et je ne compte pas m'arrêter en si bon chemin. »

Il me reste du chemin pour atteindre l'objectif professionnel que je me suis fixé, et je ne compte pas m'arrêter en si bon chemin. Mon supérieur m'a demandé de passer une VAE (validation des acquis de l'expérience) pour valider un BTS et me laisser l'opportunité, si je le souhaite, d'intégrer à l'avenir une école d'ingénieur. Je l'envisage en effet à court terme. Certaines écoles, l'ESI notamment, proposent aux personnes en reconversion professionnelle de passer le diplôme d'ingénieur en informatique en deux ou trois ans, en parallèle de leur activité. J'ambitionne de devenir chef de projet digital. J'espère qu'Air France me donnera ma chance, mais je sais aujourd'hui que, si ce n'est pas le cas, je partirai pour réaliser mon rêve. Ce serait dommage, mais j'y suis prête.

Rebondir

Je porte sans doute en moi la capacité naturelle à rebondir, sans me laisser abattre. Je n'attends pas que les choses se passent, j'agis pour qu'elles adviennent, je cherche des solutions, je prends des décisions. Quand les perspectives ne s'ouvrent pas, qu'en face ça ne répond pas, il faut savoir se positionner. Il m'a fallu affronter le regard de certains hommes, dans ma vie privée comme dans ma vie professionnelle, et leurs commentaires misogynes qui m'ont parfois fait douter. Mais d'autres, dont mon mentor chez Cisco, m'ont encouragée, boostée. Je sais aujourd'hui que, à défaut d'expérience, j'ai des capacités supérieures à certains membres du plateau, je suis donc extrêmement confiante.

Pour trouver ma voie et atteindre mes objectifs, j'ai renoncé à un certain confort de vie. J'ai fait face à des problèmes financiers. En renonçant à mes fonctions d'hôtesse de l'air, j'ai connu une grosse perte de salaire. D'un coup, mes charges sont devenues trop importantes, j'ai dû déménager. J'adorais faire du shopping à Londres pendant les soldes, changer de vêtements à chaque saison, partir en vacances... Mais je sais que cette situation est temporaire et un passage obligé pour préparer l'avenir. Je regrette bien sûr un peu les moments à moi que mon métier d'hôtesse m'autorisait. Les bains à l'hôtel, les soins du corps, le fait d'être toujours impeccable, coiffée, manucurée. Quand on est personnel navigant, on a le temps de penser à soi. Mais, au fond, je ne suis pas sûre que, à force, je ne serais pas devenue une sorte de « superconnasse » superficielle et égoïste. Inutile de me mentir, je m'étais beaucoup éloignée de mes enfants. Le fait d'avoir perdu leur garde n'a fait que le matérialiser.

Tous ces obstacles, petits ou grands, ne justifient pas qu'on reste dans une situation difficile. Écoutez-vous et faites-vous confiance. Donnez-vous les moyens d'accomplir vos ambitions. Personnellement, j'ai installé dans mon salon, devant la table où je prends mes repas, un tableau de visualisation qui m'aide à me préparer mentalement, chaque matin, à accomplir la mission que je me donne. J'ai découvert cet outil dans un ouvrage de développement personnel. J'y ai rassemblé les photos de ce qui me tient à cœur ou de ce en quoi je me projette : les voyages que j'aimerais faire avec mes enfants, le métier vers lequel je tends, la maison que j'aimerais habiter dans trois ans, la santé, l'amour de mes proches. Ce tableau est devenu très important pour toute la famille : il me prépare mentalement, et les enfants se le sont appropriés. Pour eux, ces objectifs ne sont pas hypothétiques, mais en construction. Ils ne disent pas « si on avait une maison », mais « quand on aura la maison ». Pour eux, c'est de l'acquis. Cela me donne confiance et nourrit mon envie d'avancer. J'ai pris un engagement envers moi-même, et ils savent que je vais le tenir, que je ferai tout pour y parvenir.

Lancez-vous, c'est comme ça qu'on apprend. Et, pour avancer, entourez-vous, cherchez un soutien positif, qui vous fait du bien et entretient votre motivation. Pour réussir, c'est essentiel. Ma force me vient principalement de mes enfants, qui croient en moi et sont derrière moi, quoi que je décide. Écoutez ceux qui vous encouragent, qui soulignent vos talents et vos capacités. Et ne vous laissez pas freiner par les mauvais coucheurs, souvent masculins, qui ne supportent pas les femmes dynamiques, ambitieuses et talentueuses, surtout quand elles ont le sourire du matin au soir.

Il y a bien sûr des pièges qu'il faut savoir éviter. Faites-vous votre propre idée, menez des recherches avant de vous

> « Pour avancer, entourez-vous, cherchez un soutien positif, qui vous fait du bien et entretient votre motivation. »

déterminer et parlez de votre projet à ceux qui vous connaissent le mieux. Ceux qui cherchent à vous couper les ailes parlent, le plus souvent, de leurs propres limites. Ne vous laissez pas déstabiliser : plus vous prendrez d'avis, plus vous prêterez le flan aux pensées négatives. Cultivez donc votre avenir en secret, fournissez un effort régulier, et entourez-vous des personnes qui ne ressentiront pas de jalousie à vous voir progresser. En deux ans, j'ai appris beaucoup et je commence à faire de l'ombre à certaines personnes qui avaient tendance, au départ, à me parrainer. Je suis donc assez discrète sur mes ambitions professionnelles à long terme.

Accrochez-vous, car le voyage n'est pas de tout repos, et il peut prendre du temps. Vous devrez faire face à des difficultés, professionnelles mais aussi personnelles. Ma mère est tombée malade l'année dernière, et j'ai dû la prendre en charge, ainsi que ma sœur handicapée, tout en continuant à avancer. J'avais tant de choses à gérer que je perdais de vue l'objectif. Je me suis mise à la course à pied chaque semaine pour maintenir une forme de régularité. Mes performances en course vont de pair avec mes performances dans mes études. Alors, je ne lâche pas. Je prépare actuellement deux certifications de haut niveau, en centre de formation. Le *e-learning* est un outil très utile, mais insuffisant quand on aborde des questions très techniques. Et puis j'ai besoin de me lancer de nouveaux défis.

J'aurai tout gagné le jour où je m'épanouirai dans mon projet. Mais la valeur réussite ne relève pas pour moi de la seule sphère professionnelle. Au fond, le plus important pour moi est que mes enfants soient fiers de leur maman. Je suis particulièrement fière également de les inspirer. Ma fille aînée, par exemple, rêve de devenir hôtesse de l'air. Je suis extrêmement touchée que mon exemple lui donne envie, à son tour, d'accomplir ses rêves. Oui, mes enfants sont ma plus grande fierté. Quand j'entends ma fille aînée dire que je suis un superhéros, j'ai les yeux qui brillent. Je sais que j'ai accompli l'essentiel, qu'elle est sur de bons rails. Elle passe le bac cette année et elle l'aura. Je la soutiendrai toujours, et elle le sait.

J'ai parcouru beaucoup de chemin, depuis la cour de récréation où je me tenais, tétanisée, à distance des gamins de mon âge. Je parlais à peine français, j'avais peur d'aller à l'école, tout me semblait si étranger. Je pense que la gamine réservée que j'étais aurait été impressionnée de savoir que, devenue adulte, elle n'aurait plus peur de grand-chose et serait prête à déplacer des montagnes. Qu'elle parcourrait bel et bien, dans les airs comme dans sa vie, des milliers de kilomètres. Je me suis donné les moyens de ma chance, cela m'a coûté des efforts incessants, des sacrifices aussi, et ce n'est pas terminé. Si j'entre en école d'ingénieur, mon salaire va baisser, je devrai faire des choix. Mais je sais que cela en vaut la peine.

« Si j'entre en école d'ingénieur, mon salaire va baisser, je devrai faire des choix. Mais je sais que cela en vaut la peine. »

Il me semble enfin important de remercier mon père, même si je n'ai plus de contact avec lui. Il a toujours cru en moi. Notre relation fusionnelle a nourri ma confiance. Il me répétait : « Je ne peux pas t'aider, mais je suis à tes côtés. » Jusqu'au bac, il m'a répété, chaque jour, que j'étais la meilleure et que j'allais y arriver. J'ai été élevée dans la bienveillance et je suis convaincue que cela m'a permis de réussir.

Le témoignage de Juliette

Après **une première vie de juriste et une carrière dans un grand groupe de presse à la direction du marketing**, de la communication, des partenariats puis des nouveaux médias, j'ai pris un **virage radical vers l'artisanat** à l'âge de 55 ans en créant, en juillet 2019, la maison de haute maroquinerie Phi 1.618, écoresponsable et fabriquée en France, dont le nom évoque le nombre d'or.

La passion d'apprendre

Je suis née en région parisienne dans un environnement familial assez strict et structuré, dont une des valeurs fondamentales était la réussite. Le bracelet que je porte depuis le jour de mes 20 ans, un jonc doré orné de deux têtes de béliers, traduit bien ma personnalité : volontaire, optimiste et positive, un tempérament de feu.

J'ai été élevée par une mère magnétiseuse, dans un environnement très matériel et spirituel à la fois. En littérature on parlerait d'oxymore. Et c'est bien ce qui a toujours régné dans ma vie : la réunion d'une multitude de choses a priori contradictoires. Depuis l'enfance, j'entretiens un savant équilibre entre activités intellectuelles et manuelles. Petite, je lisais, je dessinais, je jouais du piano, je tricotais et je me défoulais aussi souvent que possible. Je n'ai pris conscience de cet équilibre que tardivement, il y a quatre ou cinq ans, alors que je travaillais dans le digital. Après quatre jours et demi à fond dans l'entreprise, où je traitais un domaine plutôt abstrait, je consacrais tous mes vendredis après-midi et mes samedis à la maroquinerie pour passer mon CAP. C'était devenu mon oxygène.

J'ai besoin, pour me sentir bien, de compenser mon activité intellectuelle par des activités manuelles beaucoup plus incarnées. En maroquinerie, chaque geste est irrémédiable, il faut être extrêmement concentré sur ce qu'on fait, car on ne peut pas revenir en arrière : quand on coupe, on coupe, quand on fait un trou avec une aiguille, il est marqué pour toujours. Chaque geste doit donc être accompli de façon calme et posée, en pleine conscience. Côté activité physique, je marche beaucoup, le plus possible. Quand je marche, je m'absente, j'entre dans une autre dimension de liberté personnelle. Je n'irai pas jusqu'à comparer la marche avec la méditation, mais presque.

Petite fille, je n'avais pas d'aspirations professionnelles particulières. J'étais bien dans ma vie, les étapes scolaires étaient des horizons suffisants. Pendant une période, j'ai voulu devenir commissaire de police parce que j'aimais enquêter, chercher, trouver, mais ça n'a été qu'un épiphénomène. Je n'ai choisi mon orientation qu'en terminale, comme une sorte d'évidence : moi qui étais et suis toujours révoltée par l'injustice, j'allais faire du droit. Je voulais devenir juriste internationale et parler plusieurs langues. J'étais si déterminée que personne autour de moi n'a remis en question mon choix.

« Je n'ai choisi mon orientation qu'en terminale, comme une sorte d'évidence : moi qui étais et suis toujours révoltée par l'injustice, j'allais faire du droit. »

J'aimais tellement la fac que je n'ai jamais séché un seul cours. J'étais faite pour le droit, c'est une logique qui me convient, rationnelle mais pas si tranchée que ça. Le droit est en effet fondé sur une base légale, nuancée par l'humain. En somme, il y a la loi et son interprétation, surtout en droit anglais, qui est jurisprudentiel, alors que, en France, le droit est fondé sur un Code.

J'étais étudiante à Rennes quand j'ai fait la connaissance d'une amie anglaise, inscrite aux Beaux-Arts. En l'écoutant, j'ai été séduite par son ouverture d'esprit, par sa capacité à ne pas juger et par ses idées moins stéréotypées que les nôtres. Elle m'a donné envie de découvrir son pays, et j'ai décidé de suivre un double diplôme en Angleterre. Je ne connaissais pas le droit anglais, je ne maîtrisais pas la langue, mais j'étais irrésistiblement attirée.

Ma licence en poche, je me suis donc inscrite dans deux parcours distincts, l'un en France, l'autre en Angleterre, et j'ai obtenu, chose rare à l'époque, l'autorisation de préparer à distance mon mémoire français – qui portait sur le respect du droit européen par la Grande-Bretagne – pour aller suivre mon cursus anglais à Bristol. Erasmus n'existait pas, et les doubles diplômes n'étaient pas courants, mais j'ai pu étudier de l'autre côté de la Manche et revenir en France un mois avant les examens pour bachoter. Et j'ai décroché mes deux diplômes ! Je ne suis pas sûre que je serais capable aujourd'hui de mener un projet aussi intense, mais à l'époque cela ne me semblait pas insurmontable. J'étais tellement déterminée, une qualité essentielle pour un entrepreneur, que je n'ai pas songé un instant que je m'engageais dans une voie difficile.

« J'étais tellement déterminée, une qualité essentielle pour un entrepreneur, que je n'ai pas songé un instant que je m'engageais dans une voie difficile. »

Avant de partir étudier à Bristol, j'avais séjourné deux mois en Espagne pour améliorer mon niveau d'espagnol. Je maîtrisais donc désormais trois langues et j'étais diplômée d'une université prestigieuse. J'aurais pu rester en Angleterre pour y travailler, mais j'ai décidé de suivre mon petit ami à Innsbruck, en Autriche, où il suivait des études de médecine. C'était l'occasion d'apprendre l'allemand et de skier ! Je me suis inscrite à des cours de langue pour les étrangers, ai rapidement appris la langue et trouvé un emploi de juriste dans une entreprise française. Je me suis malheureusement assez vite rendu compte que je toucherais peu à l'international et que, en tant que juriste, je ne plaiderais pas les dossiers que je montais. J'ai enchaîné les CDD d'un mois, renouvelables, ce qui n'est plus possible légalement, mais me convenait parfaitement à l'époque, car je souhaitais rester libre. Au bout de trois ans, ne pas aller au bout de ma démarche était devenu tellement insatisfaisant que j'ai décidé de changer de métier. Bien sûr, j'aurais pu devenir avocate et passer le Barreau en France, mais le système français n'était pas mon préféré.

Changement de cap

J'avais 27 ans, je venais d'avoir mon fils et j'ai profité de mon congé maternité pour démissionner. Quand on m'a proposé de rejoindre le marketing dans un groupe de presse, j'ai sauté sur l'occasion. J'avais toujours baigné dans les livres et les magazines et je voyais un vrai lien entre ce nouveau poste et mon précédent métier de juriste : non seulement j'élaborerais des arguments, mais je plaiderais auprès des annonceurs pour les convaincre d'investir dans nos supports et pour remporter des marchés. J'irais donc au bout de ma démarche, ce qui m'avait tant manqué.

Changer de métier est presque devenu à la mode aujourd'hui, c'était moins le cas dans les années 1990. Pourtant, je n'ai rencontré aucun frein dans mon entourage. Il faut dire que lorsque je suis convaincue, je suis convaincue ! J'aime la discussion, je la recherche même. J'aime qu'on me lance des défis, qu'on me pousse à me remettre en question. Je ne me décide jamais sur un coup de tête. Mais quand mon opinion est faite, je fonce. J'avais reçu cette proposition parce que je connaissais quelqu'un dans la presse, j'avais pris beaucoup d'avis, et ma démarche était construite. Et puis, dans la vie, je pars du principe que si quelque chose m'arrive, c'est que c'est bon pour moi. Si au contraire ce que j'escompte ne se produit pas, c'est qu'il y a mieux ailleurs.

J'ai passé trois ans dans le groupe Lagardère, en tant qu'assistante marketing. J'ai ensuite rejoint le groupe IP Presse, où je suis devenue directrice de pub en moins d'un an. Puis j'ai intégré Prisma Media. J'adore vendre et j'avais travaillé sur des magazines compliqués, notamment *Dépêche Mode*, qui n'existe plus, et *Point de vue* – quand on a vendu *Point de vue*, on peut tout vendre ! On m'a rapidement confié le développement publicitaire de *VSD*. Pour mes collègues, c'était un support difficile. Moi, je n'en voyais que le potentiel. Prisma offrait un cadre si accompagnant, avec des moyens tellement plus importants que là d'où je venais, que mes chiffres ont très vite décollé.

« Maîtriser les codes de son milieu est très important pour faire passer le message qu'on défend. C'est un aspect auquel on ne se prépare sans doute pas suffisamment quand on change de métier. »

J'ai pu m'appuyer sur mes études, qui m'ont été et me sont toujours extrêmement utiles. Le droit forme l'esprit, on apprend où chercher et comment exploiter ce qu'on a trouvé. C'est un véritable atout quand on intègre un univers dont on ne maîtrise pas les codes, ce qui était mon cas lorsque j'ai débarqué dans la presse, un monde essentiellement féminin qui parle mode et enfants, alors que je venais de passer plusieurs années entourée d'hommes qui débattaient de sujets politiques et légaux. Maîtriser les codes de son milieu est très important pour faire passer le message qu'on défend. C'est un aspect auquel on ne se prépare sans doute pas suffisamment quand on change de métier. Personnellement, il m'a fallu près d'un an.

Comme j'étais très pragmatique, concentrée sur l'efficacité, je lestais mes arguments d'études et de chiffres, pour montrer que mes choix étaient sous-tendus par des principes quasi scientifiques. Ce type d'argumentation, dans un métier qui reposait principalement, à l'époque, sur le réseau et les relations, frappait les esprits. J'ai eu la chance, à ce moment-là, que la loi Sapin régule la publicité et impose la transparence des tarifs : j'ai pu mener des études comparatives en profondeur pour mieux valoriser mon entreprise et convaincre annonceurs et agences, en France et l'étranger, d'investir dans les espaces publicitaires du groupe.

Trouver des solutions

Je suis restée dix-huit ans dans le groupe Prisma, où j'ai occupé sept postes différents, dont parfois deux en même temps. On pourrait penser que changer aussi souvent de travail est fatigant. Pour moi, c'est tout le contraire ! J'aime les cycles de trois ans : la première année, j'analyse mon environnement, je pose de nouvelles fondations pour plus d'efficacité, en somme je laboure, je sème, j'arrose et je vois les premières pousses émerger. La deuxième année, on est sur le rendement, les arbres ont grandi et donnent des fruits. La troisième année, j'ai tendance à m'ennuyer et je pourrais facilement passer le relais. J'estime cependant que je suis redevable de cette troisième année à mon employeur, parce qu'il n'est pas évident de faire bouger les équipes trop souvent. Mais c'est un fait : ma valeur ajoutée est dans l'analyse, la création et la mise en place de solutions, moins dans le suivi quotidien.

J'ai plusieurs fois été confrontée à des supérieurs qui reconnaissaient mes qualités et la pertinence de mes idées, mais ne pouvaient pas me suivre parce qu'ils avaient d'autres priorités. Je peux comprendre qu'une entreprise ne puisse pas répondre à toutes les envies de ses salariés. Comme j'ai besoin d'avancer, d'innover, de commencer de nouveaux projets en permanence, je me suis toujours alimentée en dehors de ma sphère professionnelle. À l'époque où j'allais régulièrement en Inde, par exemple, j'ai passé une licence de sanskrit pour connaître les origines de l'hindi et pour maîtriser un alphabet complètement différent de l'alphabet romain. Aller chercher ailleurs le petit plus qui m'excite intellectuellement et apporte une touche un peu différente est un trait de mon caractère. En ce moment, j'apprends le japonais : mes premiers clients sont Japonais, et Phi 1.618 est distribuée dans dix boutiques au Japon. Simplicité, efficacité, beauté : l'épure de cette culture résonne beaucoup avec ce que je crée. J'avais envie de pouvoir parler à mes clients dans leur langue.

« Aller chercher ailleurs le petit plus qui m'excite intellectuellement et apporte une touche un peu différente est un trait de mon caractère. »

J'ai donc successivement été directrice de publicité, directrice marketing et communication, directrice de l'international et directrice « médias partenaires », poste dans lequel j'imaginais des partenariats uniques entre des annonceurs et les différentes marques médias du groupe Prisma. De 2010 à 2015, je suis devenue directrice recherche et développement. Un cycle un peu plus long cette fois, car, au bout de deux ans, on m'a proposé de fonder un think tank avec lequel développer, pour le groupe, de nouvelles idées. Comme je procédais à une veille stratégique à l'étranger, j'adressais des newsletters mensuelles en interne dans lesquelles je donnais des indications sur les innovations à l'international et j'élaborais des *business plans* pour développer les différentes marques du groupe en collaboration avec les éditeurs et les rédacteurs en chef. Investissement dans le mécénat ou des associations, création de nouveaux territoires d'expression des marques média, nouvelles technologies, je touchais à de nombreux domaines.

On m'a finalement confié le soin, au sein du groupe, de fonder et de diriger une start-up dont la mission consistait à imaginer le média de demain. La presse était très secouée par les baisses de diffusion, et l'idée était de trouver un moyen de pérenniser les contenus des cinq cents excellents journalistes du groupe. J'ai ainsi pu accompagner la création et le lancement de deux médias digitaux : un média personnalisé qui proposerait des sujets d'ouverture et un média à lire, à écouter et à regarder, disponible partout et à tout moment. Mais il a fallu faire le constat que lancer un média digital coûte plus cher que soutenir le développement digital d'un média existant. C'est à ce moment-là que mon départ de l'entreprise a été envisagé.

Rompre

Quitter Prisma n'était pas mon choix. Je ne m'y suis jamais ennuyée, et la plupart des postes que j'ai occupés avaient été créés pour moi, après que j'ai montré combien ils étaient nécessaires, pertinents et potentiellement rentables. J'aurais aimé rester, mais les choses ne se sont pas faites dans ce sens-là.

Être licenciée fut un peu compliqué. Après toute l'énergie que j'avais investie dans le groupe, je le vivais comme une injustice. Il m'a fallu un gros mois pour assimiler l'évidence et prendre conscience que je devais préparer mon avenir et donc bien négocier mon départ. Un gros mois pour accepter la rupture, en somme, et passer à l'étape suivante. Je n'étais pas sûre de pouvoir mener les négociations moi-même : j'ai beau être très résiliente, je suis très engagée et donc très sensible aussi. Ce n'est pas un défaut, encore moins un point faible, mais c'est fragilisant quand on se retrouve seule face à une entreprise.

J'étais prête à passer le relais à mon avocat au cas où les discussions se seraient corsées, mais, grâce à des interlocuteurs très aidants aux ressources humaines, les négociations se sont bien déroulées, et j'ai pu mettre un certain nombre d'atouts de mon côté, notamment faire financer une prestation en cabinet d'*outplacement*. Je n'étais en effet pas sûre de vouloir continuer dans ce métier. Ni de pouvoir le faire d'ailleurs, car les médias sont aujourd'hui régis par une exigence de rentabilité absolue. Les audiences s'effritent, les revenus publicitaires aussi, la recherche et le développement ne sont plus la priorité. Les postes sont désormais plus opérationnels et plus directement rentables.

J'ai donc sélectionné trois cabinets d'*outplacement* dans un rayon de deux kilomètres autour de chez moi, afin de pouvoir m'y rendre à pied. Je souhaitais avant toute chose être challengée. Je ne quittais pas la presse avec un état d'esprit de vaincue, bien au contraire. Je cherchais quoi faire, avec le désir de trouver ma véritable orientation. Je voulais m'assurer que la troisième partie de ma vie professionnelle serait à la fois très personnelle et validée par des experts. Pour me rassurer sur mes choix, j'ai besoin d'échanger, d'en parler, beaucoup, d'être

« Je cherchais quoi faire, avec le désir de trouver ma véritable orientation. Je voulais m'assurer que la troisième partie de ma vie professionnelle serait à la fois très personnelle et validée par des experts. »

questionnée. Je souhaitais également garder le lien social. J'aime être avec les autres, je n'aurais pas pu me retrouver seule chez moi à faire un coaching une fois par semaine. Le cabinet que j'ai finalement retenu dispose d'un espace partagé où j'ai pu travailler, rencontrer mes pairs et échanger.

Le groupe Prisma a également accepté de financer ma formation en maroquinerie via mon DIF. Je n'avais jamais parlé en interne de ma nouvelle passion, mais mon licenciement la rendait tout à fait pertinente. Là encore, les RH se sont montrées à l'écoute. Mon dossier a été soutenu, et j'ai pu faire une économie substantielle, qui m'a bien aidée au moment de me lancer dans l'inconnu. Le reste de l'équipement nécessaire à ma formation de maroquinière ne représentait pas un budget colossal : aiguilles, fils, fer à fileter, cuirs, pour moins de 1 000 euros on peut facilement débuter.

Rebondir

J'avais commencé à m'intéresser à la maroquinerie l'année précédente, après un atelier Do It Yourself au cours duquel, bluffée, j'avais réalisé un sac en quatre heures. La maroquinerie m'offrait un nouveau moyen d'expression et me permettait de me vider la tête. Au départ, je n'étais pas partie pour devenir maroquinière, j'étais encore chez Prisma, ces ateliers étaient ma respiration. Il n'empêche, je me suis investie à fond, comme dans tout ce que j'entreprends. Comme j'avais envie de réaliser de beaux objets, bien finis, j'avais décidé de me rapprocher des meilleurs, passés par les plus grandes maisons. Depuis l'automne, je prenais donc des cours dans un atelier avec un maître d'art maroquinier et j'ai mis au point ce qui est devenu la ceinture emblématique de Phi 1.618, une ceinture magique qui va à tout le monde, une ceinture en taille unique qui coulisse tout simplement.

Tout est parti d'un trench Burberry vintage que j'avais acheté sans ceinture ; j'ai décidé de me créer la ceinture parfaite, et, en quelques semaines, j'y suis arrivée ! Cette ceinture rencontrait un réel succès auprès de mes proches et d'inconnus dans la rue. Il n'était pas rare que des piétons, au feu, me demandent où je me l'étais procurée ! En prenant conscience que ce que je fabriquais à l'atelier plaisait aux gens, j'ai compris que je commençais à détenir un certain savoir-faire et, comme j'aime faire certifier mes acquis, je me suis inscrite à la session de juin 2018 en CAP Maroquinerie, en candidat libre. On y était !

J'ai entamé l'*outplacement* à la même période. Une reconversion dans la haute maroquinerie était déjà une éventualité nette dans mon esprit. Je n'en étais en réalité qu'aux balbutiements, mais j'avais déjà préparé pas mal de choses, mené des études de marché et de la concurrence, et je savais que je ferais du haut de gamme écoresponsable et fabriqué en France. Récupérer les stocks de cuir inutilisés des grandes maisons françaises, jusqu'alors destinés à être brûlés, me garantissait une qualité exceptionnelle et une économie circulaire, vertueuse et responsable du point de vue environnemental. Mes valeurs et les tendances internationales convergeaient. Je me sentais alignée dans mon projet et au diapason de mon époque.

« C'est important d'être guidé à ce moment-là, pour éviter de s'investir dans une fausse bonne idée. Tester son projet pour savoir s'il résonne avec sa personnalité profonde, son histoire. »

Les premières semaines, j'ai donc passé les différents entretiens avec la psychologue pour faire le point notamment sur la façon dont je vivais mon licenciement et dont j'envisageais la suite. C'est important d'être guidé à ce moment-là, pour éviter de s'investir dans une fausse bonne idée. Tester son projet pour savoir s'il résonne avec sa personnalité profonde, son histoire. C'est essentiel.

Un break salutaire

L'été qui a suivi m'a offert un break salutaire, et a fait passer mon projet d'éventualité au rang d'évidence. Je n'ai pas l'habitude de prendre des vacances, je suis plutôt du genre à bosser entre douze et seize heures par jour, avec à peine deux matinées de repos par semaine. J'ai la chance de tenir le rythme physiquement. Mais entre mes deux vies, entre le moment où j'ai quitté Prisma et celui où j'ai fondé mon entreprise, j'ai eu envie de faire une pause, de prendre du recul et de me lancer un défi.

Je suis partie marcher seule pendant deux mois sur le chemin de Saint-Jacques-de-Compostelle, du Puy-en-Velay au cap Finisterre. J'ai parcouru mille sept cents kilomètres à pied, moi qui jusque-là n'avais pas dépassé les trois cent cinquante et n'avais parcouru que des tronçons de ce chemin de légende. En étais-je capable ? Allais-je m'épuiser au point de me fracturer quelque chose ? Ou bien allais-je au contraire puiser dans cette expérience une énergie immense, capable de me faire déplacer des montagnes ?

Marcher n'est pas qu'une question de physique, c'est aussi une question de volonté, jusqu'à ce que cela devienne un besoin, c'est fascinant. J'ai expérimenté cette sensation de plaisir et de joie que connaissent les marcheurs. J'ai compris pourquoi on peut se lever de très bonne heure pour aller marcher tous les jours. Parce que le corps le réclame, qu'il en a besoin. Il réclame le plaisir procuré par le mouvement régulier et l'état d'abstraction dans lesquels plonge la marche. Tout du long, j'ai rencontré des marcheurs avec qui je me suis liée. Je me suis sentie portée.

À mon retour, mon orientation professionnelle était une évidence. L'été m'avait offert le temps de mûrir intérieurement ma décision. J'étais prête à créer ma société et à démarrer une nouvelle vie.

Toquer à toutes les portes

J'ai intégré la BGE PaRIF en octobre 2018, après avoir tiré toutes les sonnettes de Paris : la Fédération de la maroquinerie, le Conseil national du cuir, la Chambre des métiers de l'artisanat… J'avais besoin de conseils concrets pour lancer mon activité, en plus de l'accompagnement du cabinet d'*outplacement* qui était parfait pour les dimensions marketing et communication, un peu moins pour répondre à mes attentes sur la réalité du métier d'artisan, ses impacts au quotidien, ses charges, etc.

La BGE fonctionne comme une couveuse où les porteurs de projets peuvent tester leur idée avant de créer leur société. Financée par la Ville de Paris, la région Île-de-France et l'Europe, elle compte plusieurs divisions, dont la division « mode et design » auprès de laquelle j'ai pu tester mes prototypes, mon positionnement, mon *business plan*. Les consultants de la BGE ont fait énormément progresser mon projet. J'avais fait des centaines de *business plans* dans la presse, mais je n'avais pas la moindre idée de comment procéder pour un projet artisanal. J'ai notamment eu la chance d'échanger avec une consultante qui m'a tout de suite posé les bonnes questions : combien de ceintures fallait-il que je fabrique et vende pour en retirer un salaire et assumer les charges de l'entreprise ? À l'époque, je souhaitais tout fabriquer sur-mesure, ce qui

> « J'avais fait des centaines de *business plans* dans la presse, mais je n'avais pas la moindre idée de comment procéder pour un projet artisanal. »

n'est plus le cas ! Car, en faisant les calculs, je me suis rendu compte que je devrais travailler trente-quatre heures par jour, tous les jours, pour m'en sortir financièrement. Autant dire que mon *business plan* n'était pas viable. J'ai donc dû trouver des solutions très vite et me repositionner. J'ai décidé de sous-traiter la fabrication et de ne plus concevoir mes produits en sur-mesure. Je n'y ai pas perdu mon âme et j'ai rempli l'objectif principal d'une entreprise : toucher son public, vendre.

L'idée n'était pas uniquement de me faire plaisir, comme mes proches ont pu le penser au début. La maroquinerie, ce n'était pas un passe-temps ou une récréation, mais un vrai projet professionnel. Au fond, je n'avais pas changé de métier, j'étais chef de projet, de la création à la vente, à la différence que je commercialisais mes propres créations. Ma société devait donc être rentable et mon projet superperformant.

J'ai également été accompagnée par l'Apec, dont j'avais rencontré les conseillers à l'époque où j'étais encore chez Prisma. Ils ont répondu présents chaque fois que je les ai sollicités, que je m'interroge sur l'opportunité de retrouver un poste dans le métier que je quittais ou dans ma reconversion vers quelque chose de très différent.

L'épreuve du réel

J'ai commencé à chercher des lieux de vente dès mon retour de Compostelle, pour démarrer très concrètement mon activité. J'ai également développé mon réseau pour me faire connaître et échanger avec des pairs, c'est essentiel pour progresser. J'avais aussi conscience que j'y gagnerais un temps considérable, et je ne me suis pas trompée. Avec le recul, j'estime que mes huit mois de couveuse à la BGE m'ont fait gagner au moins six mois de développement : sans la consultante que j'y ai rencontrée, je n'aurais sans doute pas compris aussi vite que mon modèle sur-mesure n'était pas rentable.

Trois bonnes fées, parmi les personnes croisées à cette époque, se sont penchées avec une bienveillance toute particulière sur Phi 1.618, et m'ont accompagnée professionnellement de façon aussi humaine que pertinente. À l'Apec comme au cabinet d'*outplacement*, j'ai pu organiser mes premières ventes parce que ces personnes croyaient au projet. Elles ont libéré leurs locaux à l'heure du déjeuner pour que je présente mes sacs et mes ceintures aux salariés, m'ont permis de faire un peu de pub sur les murs, etc. Grâce à elles, j'ai pu tester mon offre et constater qu'elle était attirante. Ces expériences ont renforcé ma confiance et m'ont encouragée.

Mes premières ventes en pop-up store m'ont ensuite, très vite, mise en contact avec un public varié, auprès de qui j'ai pu confronter de nouvelles idées. Je n'ai aucun état d'âme en la matière : je suis prête à me repositionner autant que nécessaire plutôt que de passer à côté de mon public. Si quelque chose ne fonctionne pas, il faut changer. Lorsqu'on porte un projet, il faut se frotter très vite au public pour adapter son discours et éventuellement sa production, afin d'offrir aux gens ce qu'ils ont envie d'acheter. J'ai des valeurs ancrées dont je ne dévie pas, mais opérer des ajustements dans ce périmètre ne me pose aucun problème. L'objectif, c'est de vendre.

Par exemple, outre l'écoresponsabilité et la fabrication en France, toute ma création est basée sur le nombre d'or. Il donne son ADN à la marque et la différencie de ses concurrents. Au début, j'étais si convaincue qu'il s'agissait d'un sujet fondamental que je m'en servais comme premier argument pour convaincre un client intéressé. Autant dire que j'en ai dérouté plus d'un ! Au bout du vingtième à froncer le nez, j'ai compris que ce n'était pas le nombre d'or qui attirait les gens, mais le fait qu'un sac, ou que ma ceinture, leur plaisait, tout simplement. Ajouter que l'objet était fabriqué en France de façon écoresponsable avec des cuirs issus de stocks inutilisés de grandes maisons était intéressant, mais le nombre d'or devait rester la cerise sur le gâteau, car il ne déclenchait pas l'acte d'achat. Mon discours s'est donc affiné.

« Aujourd'hui, dix-huit mois après la création de l'entreprise et malgré la crise sanitaire et les difficultés économiques qu'elle entraîne, les résultats financiers de l'entreprise sont plus qu'encourageants. »

Aujourd'hui, dix-huit mois après la création de l'entreprise, et malgré la crise sanitaire et les difficultés économiques qu'elle entraîne, les résultats financiers de l'entreprise sont plus qu'encourageants. Et je suis encouragée ! J'ai reçu un prêt sans garantie personnelle et une subvention Innovation de 30 000 euros de la BPI. J'étais le premier artisan de France à la recevoir, c'est très important pour moi. Le comité a jugé que ma ceinture sans taille était une vraie innovation et s'est laissé séduire par le nombre d'or. Que d'autres que soi croient au potentiel du projet que l'on développe est extrêmement motivant, surtout quand il s'agit de financiers qui ne s'engagent pas à la légère mais sur des bilans.

S'entourer

J'ai la chance d'avoir une expérience professionnelle variée, et tout m'est utile de ma vie d'avant. Mon expérience en marketing m'a permis de construire la marque très rapidement, j'ai noué mon premier partenariat avec Repetto alors que la société était encore en couveuse et, comme j'ai piloté des projets digitaux, que j'ai une tolérance importante à l'essai et à la correction et que je sais briefer des directeurs artistiques et des photographes, en deux ans j'ai conçu et lancé trois sites marchands. Il vaut mieux sortir quelque chose d'imparfait qu'on ajuste peu à peu, plutôt que de ne jamais rien sortir du tout. *Better done than perfect!* (« Mieux vaut fait que parfait ! »)

Mon quotidien se répartit entre plusieurs tâches très diversifiées : imaginer et prototyper de nouveaux modèles ; rechercher les cuirs en circuit écoresponsable, une occupation très chronophage, car ils doivent être de qualité pleine fleur, souples et lisses pour les ceintures, grainés ou liégés pour les sacs, et dans des couleurs qui répondent aux goûts des clients – les stocks dormants pour la couleur fauve, par exemple, sont très réduits, car c'est la préférée ! ; suivre la fabrication des modèles dans les ateliers ; diversifier et activer la commercialisation en testant tous les circuits de distribution, physiques en boutique éphémère et chez les détaillants, ou digitaux en vente directe ; expédier les commandes enregistrées sur le site ; communiquer sur les réseaux sociaux ; faire de la publicité pour augmenter la notoriété de la marque ; et échanger, partager avec d'autres créateurs. Sans oublier, bien sûr, la compta, les *business plans*, les dossiers à monter pour obtenir des financements, intégrer des incubateurs ou concourir à des grands prix…

Comme je gère tout de front, je fais appel à des experts pour m'épauler dans les domaines que je maîtrise mal ou pas du tout. J'aime faire les choses bien et je n'ai pas beaucoup de temps à perdre. Donc, si je ne suis pas la meilleure dans un domaine, je demande aux meilleurs de m'épauler. J'ai sollicité de l'aide pour monter le dossier de prêt et de subvention, et confié ma communication à une agence spécialisée. Idem pour la communication digitale, j'ai la chance qu'une super stagiaire m'assiste en ce moment. C'est essentiel et cela fait humainement beaucoup de bien !

Ma nouvelle vie d'entrepreneuse me fait mesurer la valeur de l'entraide. Quand j'étais chez Prisma, j'étais régulièrement sollicitée par des personnes désireuses de travailler dans les médias. J'ai toujours accepté avec joie, sans me rendre compte, moi qui ne cherchais rien en retour, que j'étais dans le don. Aujourd'hui, au regard de ce que je reçois, je mesure l'importance de l'échange et de l'écoute. Le métier d'entrepreneur en France est difficile, il faut tout décider seul, et on prend l'ascenseur émotionnel plusieurs fois par jour. Certes, on y gagne une immense liberté, mais une telle charge de travail en retour qu'on manque parfois de recul. S'entourer permet de trouver auprès d'un autre que soi le conseil qu'on ne sait pas, sur l'instant, se donner soi-même. Ce recul, que seul quelqu'un d'autre saura prendre, il faut aller le chercher. Je collabore régulièrement avec une amie maroquinière. Sur le papier, nous sommes concurrentes mais pas dans la réalité. Nous partageons nos fournisseurs, nos ateliers de fabrication, nous discutons de problématiques digitales, de nos difficultés. Je suis portée par l'énergie du don. C'est extrêmement important, car la solitude de l'entrepreneur est une des causes d'échec d'une entreprise.

« Ma nouvelle vie d'entrepreneuse me fait mesurer la valeur de l'entraide. »

Les clefs d'une reconversion réussie

La petite Juliette de six ans ne serait pas très étonnée de savoir qui elle est devenue. Ma vie, comme la sienne, est faite de mouvement, de changement, de résilience. J'aime toujours autant m'amuser et je suis engagée dans des activités qui me passionnent. Je ne doute pas un instant du succès de mon entreprise. Et j'ai suffisamment d'expérience pour savoir que les choses difficiles ne durent qu'un temps. Que le plus important est de trouver la force de se relever, après le énième « non », pour entendre le « oui » qui arrive. L'énergie, la passion, la conviction me tiennent, c'est intense ! Le fait que mon projet fonctionne est immensément réconfortant et gratifiant.

Avant toute chose, donc, il faut croire en son projet, bosser comme un fou et se lancer vite pour avoir des retours rapides. Mieux vaut se lancer avec peu que ne jamais se lancer ! Plus vite vous serez confronté à votre marché potentiel, plus vite, en cas de besoin, vous pourrez vous réorienter. Être entrepreneur, c'est vivre en mode start-up, même quand on travaille le cuir sans technologie moderne. Il faut recourir aux mêmes outils que dans le digital, faire preuve de la même agilité, être prêt à se confronter à la réalité et à évoluer. Moi qui voulais fabriquer moi-même et sur-mesure, j'ai pivoté en faisant fabriquer par d'autres des produits standardisés !

Si vous êtes en poste et n'êtes pas obligé de quitter l'entreprise qui vous emploie, profitez de l'abri qui vous est offert pour développer tranquillement votre projet. Monter sa propre société tout en s'investissant normalement pour son employeur demande beaucoup de travail, mais rester en poste permet de s'assurer une situation économiquement confortable le temps d'élaborer et de tester son discours et ses premiers produits. Certains fondamentaux peuvent être posés à ce moment-là, avant que vous ne demandiez un quatre cinquièmes ou un trois cinquièmes pour développer votre projet.

Si vous devez en revanche quitter l'entreprise qui vous emploie, faites-en un choix et donnez-vous les moyens de rebondir. Ne restez pas seul, osez demander de l'aide et vous faire accompagner ! Échangez, faites des rencontres dans le domaine vers lequel vous vous orientez comme dans les domaines connexes, accueillez les idées nouvelles, ouvrez les possibles. Pour changer de vie, il faut s'entourer, renforcer le lien social et se confronter à la réalité. Autant commencer le plus tôt possible !

« Échangez, faites des rencontres dans le domaine vers lequel vous vous orientez comme dans les domaines connexes, accueillez les idées nouvelles, ouvrez les possibles. »

Je n'ai pour ma part aucun regret d'avoir quitté le groupe Prisma. Je suis partie au bon moment, je n'ai pas laissé les choses traîner, et surtout j'ai pu rebondir rapidement. Je ne suis pas encore en mesure de me verser un salaire, mais mes besoins se sont réduits, et je n'ai pas le sentiment d'avoir renoncé à grand-chose. J'ai divisé mon budget vêtements par cinq, mais j'ai de quoi m'habiller pour plusieurs années. Je voyage en France, sac au dos, plutôt qu'à l'autre bout du monde. Le confort d'un salaire me manque parfois, c'est vrai, mais je suis convaincue que je finirai par retrouver le même niveau de rémunération.

M'entourer a été un de mes premiers réflexes. La solitude, un des poisons de l'entrepreneur, était une de mes plus grandes peurs. Or, pour avancer, il faut faire taire ses craintes et aller au plus simple. Aujourd'hui, je travaille en coworking chez moi et j'espère intégrer bientôt un incubateur. J'ai besoin d'aller vite et de trouver autour de moi le maximum de ressources pour tenir le plus longtemps possible, le jour où le filet de Pôle emploi disparaîtra. Mais, quand je me retourne sur le chemin parcouru en dix-huit mois, je suis fière de la reconnaissance qu'on me témoigne. Mon chiffre d'affaires, la subvention et le prêt dont j'ai bénéficié, ainsi que l'écho médiatique de la marque viennent matérialiser la valeur d'un projet personnel de création, né dans le secret d'un atelier et opportunément transformé en projet de reconversion.

Je n'en serais pas là si je n'avais pas travaillé autant, si je ne m'étais pas donné les moyens de réussir. Le dramaturge Alexis Michalik, l'auteur du *Porteur d'histoires*, a coutume de répondre, à ceux qui l'interrogent sur son succès : « Quand on me dit que j'ai de la chance, je réponds que plus je travaille, plus j'ai de la chance. » Et c'est vrai, la chance se provoque. Je n'en serais pas là si je n'avais pas fourni autant d'efforts pour avancer, construire ma société, rencontrer des gens. Si je n'avais pas, aussi, fait confiance à la vie. Chaque porte qui s'ouvre offre quelque chose de bon pour moi. Chaque expérience est utile, me sert et me servira. Le droit a structuré ma pensée, le marketing, la communication, les partenariats et le digital me font gagner du temps et de l'efficacité dans la construction de ma société.

« Je n'en serais pas là si je n'avais pas fourni autant d'efforts pour avancer, construire ma société, rencontrer des gens. Si je n'avais pas, aussi, fait confiance à la vie. »

Alors, certes, je vais vite. Mes amis me reprochent d'ailleurs souvent de ne pas savoir profiter de mes réussites et de mes succès ! Je suis comme ça, j'ai une liste d'objectifs à atteindre, que je coche au fur et à mesure qu'ils se réalisent. Mon prochain défi, par exemple, est d'augmenter la notoriété de ma marque. Quand on pratique les prix de Chanel, même avec des finitions magnifiques, même si la fabrication est écoresponsable, il faut faire la différence, et cette différence, c'est la notoriété.

Je crois enfin essentiel, moi qui suis croyante, de remercier chaque jour pour ce qui nous est donné. Essentiel, aussi, de se montrer, chaque jour, reconnaissant envers soi-même. Mon corps et mon esprit supportent ce que je leur demande au quotidien, ils sont mes meilleurs alliés. Pour les apaiser, et retrouver de la sérénité, je marche et je médite. Je déconnecte, je me détache de l'affect et de ma société. Je m'absente professionnellement.

Les conseils et outils pour se lancer

Comme je te le disais en introduction, changer de métier n'est pas anodin et vaut la peine de se poser et de réfléchir un instant. Dans ce chapitre, je vais t'aider à te poser les bonnes questions, t'éclairer, t'aiguiller.

Tout au long de ce chapitre, je vais t'inviter à te poser des questions. Je te recommande vivement de prendre un petit cahier. Dès que tu verras le symbole  **, tu sauras qu'il faut que tu sortes ce petit carnet.**

Pourquoi coucher sur le papier tes réponses ? Parce qu'il est prouvé scientifiquement que poser des mots par écrit à un impact fort sur la démarche de réflexion. Cela te permettra en outre de conserver les étapes de ton cheminement. Crois-moi, tu vas te surprendre en relisant ce que tu as écrit. Par ailleurs, pour répondre à toutes les questions qui se posent, il est important de prendre un peu de recul et de hauteur.

N'hésite pas à créer les meilleures conditions. Quelles sont-elles ? Être au calme, dans un lieu où tu te sens bien, où tu n'es pas dérangé et encore mieux où tu sors de ton cadre habituel.

Changer de métier, qu'est-ce que cela veut dire ?

Quand on pense au fait de changer de métier, on pense spontanément à des parcours assez extrêmes, comme celui de Damien Zeller qui est passé de directeur commercial chez Capgemini à boucher ou celui de Marjorie Goaoc, dont vous avez pu lire l'histoire, qui occupe aujourd'hui un poste dans la police scientifique après avoir été attachée de presse dans l'univers de la décoration.

Changer de métier peut prendre plusieurs formes qu'il me semble important d'explorer et de rappeler.

Changer de métier c'est...

Faire son métier et...

- aller dans un autre type de structure
- aller dans un autre secteur d'activité
- devenir freelance

Faire un autre métier...

- dans la même entreprise
- en devenant indépendant
- en créant une entreprise
- en reprenant une entreprise
- en étant salarié
- en étant fonctionnaire

Changer de métier, les chiffres

Les Français et l'univers du travail

Aujourd'hui le nombre d'articles dans les médias sur la quête de sens ne fait qu'augmenter et, pour preuve, c'est un vrai problème sociétal :

- 1/3 des Français déclarent ne pas être heureux au travail[1].
- En parallèle, 63 % des Français disent s'ennuyer au travail[2].
- 51 % des cadres jugent « très important » d'exercer un métier qui a du sens[3].
- 52 % des cadres jugent fondamental de se sentir utiles à l'entreprise[3].
- 63 % des Français affirment que leur travail manque de sens et leur prend trop de temps[1].

“ Ma petite voix intérieure me parlait de plus en plus fort à l'oreille. Au début, elle chuchotait et après elle me hurlait dessus ! Elle me disait : « Toi aussi tu peux faire quelque chose qui fasse sens pour toi, que tu fasses de toi-même, par toi-même, pour toi-même et pour les autres évidemment. » ”

Clémentine Galey, de directrice de casting chez TF1 à Bliss Stories[4]

Pour conséquence, les recherches sur Google sur la reconversion professionnelle ne cessent d'augmenter depuis les douze dernières années.

1• Étude Chance Yougov, septembre 2020.

2• Étude Qapa, février 2019.

3• Apec, salariat et autres formes d'emploi, mars 2019.

4• Podcast *Pourquoi pas moi*, épisode 5.

Les Français et la reconversion

- 1/3 des Français veulent se reconvertir[1].
- 93 % ont déjà songé à faire une reconversion professionnelle.
- 55 % en ont envie mais n'ont pas encore passé le cap.
- 21 % sont en pleine reconversion.
- 17 % ont déjà fait une reconversion.
- 7 % n'y ont jamais pensé.

S'ils n'y ont pas pensé c'est parce que :

- 44 % d'entre eux n'ont pas d'idée de reconversion.
- 22 % sont épanouis.
- 20 % pensent le risque financier trop important.
- 15 % pensent qu'une reconversion, c'est trop compliqué[2].

La reconversion, une aventure d'homme ou de femme ?

Au vu de ces chiffres, il semblerait qu'il y ait une juste parité dans ce domaine[2].

	HOMME	FEMME
N'ont pas encore osé se lancer	55 %	55 %
Sont en pleine reconversion	20 %	21 %
Se sont déjà reconvertis	15 %	16 %
N'y ont jamais songé	8 %	6 %
Ont été déçus par une reconversion	2 %	2 %

1• Étude Chance Yougov, septembre 2020.

2• Étude Nouvelle Vie Pro 2019 sur les actifs français.

La reconversion, une aventure générationnelle ?

À en croire les résultats ci-dessous[1], il semblerait que cette envie soit très présente pour chaque génération et qu'elle ait tendance à décroître, malgré ce que l'on pourrait imaginer.

	RÊVENT DE PRENDRE UN NOUVEAU DÉPART
20-29 ans	66 %
30-39 ans	59 % Seulement 5 % des 30-49 ans n'ont jamais songé à faire une reconversion.
40-49 ans	56 %
50-59 ans	45 %
Plus de 60 ans	18 %

Quelle part de la population passe vraiment à l'action ?

On le sait tous, entre l'envie et le passage à l'action, il y a très souvent un cap.

- **45 % des demandeurs d'emploi se disent actuellement en reconversion.**
- **24 % des actifs en emploi ont fait une reconversion[1].**

Pour ce qui est des raisons qui peuvent freiner une reconversion, on constate que :

- **47 % craignent de percevoir des revenus insuffisants.**

1• Étude Nouvelle Vie Pro 2019 sur les actifs français.

- 31 % ne se sentent pas accompagnés.
- 22 % trouvent compliquée l'articulation avec leur vie perso.
- 15 % peinent dans l'acquisition de nouvelles compétences.
- 11 % ont un rythme de travail trop intense[1].

Plus globalement, 40 % des personnes âgées de 18 à 34 ans souhaitent changer de métier, mais ne savent pas par où commencer.

Qu'est-ce qui est le plus précieux dans le cadre d'une reconversion professionnelle ?

Je trouve intéressant de mettre en regard les chiffres[1] de ceux qui sont en train de se reconvertir avec ceux des personnes qui se sont reconverties. La grande différence se situe au niveau de la détermination, comme facteur clé de succès.

	ILS SONT DÉJÀ RECONVERTIS	ILS SONT EN PLEINE RECONVERSION
La détermination	70 %	56 %
Le suivi d'une formation adaptée	37 %	39 %
La solidité du projet	35 %	27 %
Le soutien de ses proches	33 %	34 %
L'accompagnement par des professionnels	NC	27 %
Des conditions avantageuses pour quitter leur emploi précédent (ex : rupture conventionnelle)	NC	21 %
Les aides financières	NC	16 %
L'échange avec d'autres reconvertis	NC	13 %

1• Étude Nouvelle Vie Pro 2019 sur les actifs français, plusieurs réponses possibles.

Qu'est-ce qui pourrait aider ?

- 33 % : être orienté par un coach.
- 30 % : tester un métier / échanger avec des professionnels du secteur visé.
- 29 % : avoir le droit aux allocations chômage en cas de démission.
- 29 % : suivre une formation.
- 29 % : faire un bilan de compétences.
- 25 % : des infos sur les aides, organismes, métiers / secteurs qui recrutent.
- 8 % : des témoignages de reconversions réussies[1].

Ai-je vraiment besoin de changer de métier ?

Les raisons qui poussent à changer

Spontanément, pourquoi veux-tu changer de travail ?

C'est le moment de prendre ton petit cahier ! Besoin d'inspiration ? Tu trouveras ci-dessous des chiffres et des exemples.

Voici les résultats de deux études complémentaires :

- 67 % s'ennuient dans leur poste actuel, qui manque de sens.
- 30 % subissent trop de pression dans leur métier actuel.
- 22 % ont un problème de santé (maladie, burn-out…).
- 10 % doivent rebondir après un incident professionnel (licenciement, restructuration…).
- 8 % ont des contraintes familiales (suivi de conjoint, arrivée d'un enfant…)[1].

1• Étude Nouvelle Vie Pro 2019 sur les actifs français, plusieurs réponses possibles.

- 49 % des salariés ont un sentiment d'exaspération lié à leur travail actuel.
- 20 % ont l'envie de s'épanouir dans leur travail en se lançant, par exemple, de nouveaux défis.
- 15 % pour accomplir leur rêve d'enfant.
- 11 % pour devenir entrepreneur[1].

Qu'est-ce que tu recherches dans cette reconversion ?

Ils songent à la reconversion, mais n'ont pas encore osé. Voici la réponse des interrogés à la question : « Que recherchez-vous dans votre nouvelle vie professionnelle ? »

- 64 % : me sentir plus utile / redonner du sens à mes actions.
- 53 % : gagner en liberté / équilibrer vie pro-vie perso.
- 31 % : avoir une meilleure rémunération.
- 19 % : transposer ma passion en métier.
- 19 % : changer pour un secteur d'avenir.
- 18 % : retrouver de l'indépendance / devenir chef d'entreprise.
- 14 % : faire un métier plus manuel.
- 8 % : me mettre au vert / travailler dehors.
- 5 % : travailler plus en équipe[2].

Quand j'ai commencé mon dernier job, celui où j'ai fait mon burn-out, je m'étais dit que c'était la dernière fois que je faisais ce métier. Combien de fois j'ai rêvé de créer mon entreprise ? Mon envie de changement était donc là depuis bien plus d'un an, mais pour plein de raisons (financière, sociale…) et parce que je ne savais pas ce que je voulais faire après, j'ai continué et je ne me suis pas écoutée, jusqu'à ce que je m'effondre.

1• Étude Ifop Monster, les Français et la mobilité professionnelle, février 2017.
2• Étude Nouvelle Vie Pro 2019.

Si tu es honnête avec toi-même…

À quand remonte cette envie de changement ?

À quelle fréquence y penses-tu ? Est-ce que cette envie s'est intensifiée ces derniers temps ?

À quel moment est-ce que cela t'arrive d'y penser ? Le dimanche soir ? Au retour des vacances ? En début d'année ?

Les vacances sont un moment clé pour prendre du recul. De nombreuses personnes que j'ai interviewées ont eu le déclic pendant leurs vacances et ils ne sont pas les seuls. En effet, selon une étude réalisée par Monster en 2016, 88 % des Français ont, au retour de leurs vacances, envie de changer de travail.

Alors qu'il venait d'être papa…
“ J'ai démissionné au retour des vacances de l'été 2017, avant même d'allumer mon PC. [...] J'étais dans ma bulle. C'est arrivé plein de fois, où ma femme me disait :
« Qu'est-ce qui s'est passé aujourd'hui ? Ça va ? »
« Oui, pourquoi ? »
« Tu ne m'as pas répondu, je t'ai appelé onze fois ! »
En fait, ce sont ces petites choses qui te font dire :
« Mais qu'est-ce que je fais ? » Il y avait ses warnings à elle, et puis il y a eu le moment pour s'extraire, la quinzaine de vacances. ”

Stanislas Gruau, de Head of Trading en matières premières à Explora Project[1]

1• Podcast *Pourquoi pas moi*, épisode 27.

« C'était très léger, mais c'était une forme de burn-out. Je suis parti en vacances au ski, sans les enfants, pour la première fois depuis vingt ans. Ce qui aurait dû être une semaine de vacances de rêve... Je n'avais que BFM Business en tête. Je n'ai pas pu m'en extraire. Et donc ça, ça il ne faut pas. Je suis rentré et j'ai dit stop, c'est fini. »

Stéphane Soumier, de rédacteur en chef de BFM Business à président de B-smart TV[1]

Les signes d'une envie et d'un besoin de changer de métier

Et si... je regardais le film de ma vie ?

Quel que soit ton âge, je t'invite à prendre du recul et à te placer en mode spectateur de ta propre vie. Comme je te le recommandais précédemment, je t'invite à noter les réponses dans ton petit cahier.

Tout d'abord, j'ai envie que tu te poses les questions suivantes.

Pourquoi es-tu en train de lire ce livre ?
Si la réponse qui te vient en tête est « je ne sais pas », réfléchis encore un peu, car on ne fait jamais rien par hasard.

Quand tu penses à la reconversion professionnelle, qu'est-ce que cela t'évoque, qu'est-ce que ça génère en toi ?
On dit que, dès qu'il y a de la peur, c'est que quelque chose de grand se cache derrière.

1• Podcast *Pourquoi pas moi*, épisode 30.

Faisons un petit bilan, comme pour les trois témoignages précédents et pour toutes les interviews que je mène dans le podcast *Pourquoi pas moi*, dans lesquelles j'invite mes invités à se poser notamment les questions suivantes :

Quel était ton rêve d'enfant ?

Si aujourd'hui, ton rêve d'enfant te fait encore brûler d'envie. Tout d'abord, la bonne nouvelle est qu'il n'est pas trop tard. Si tu n'as pas pu accomplir ce rêve, il est intéressant de comprendre pourquoi tu ne l'as pas réalisé. L'idée n'étant pas de reprocher à quiconque tes choix, mais bien de comprendre ton cheminement.

Si tu n'as pas pu accomplir ton rêve d'enfant, cela peut être lié à des éléments extérieurs. Ce que j'aimerais aussi, c'est que tu regardes ce qui se cache derrière ce rêve d'enfant. À quelles valeurs et talents fait-il appel, à quel environnement... ?

Enfant, Thomas Blard rêvait d'être astronaute, mais sa vue n'était pas assez bonne. Il s'est orienté vers le journalisme où il a eu une brillante carrière, dont celle de présentateur de la bourse sur LCI pendant plus de dix ans. Il a ensuite été entrepreneur et est en train de devenir banquier d'affaires. Thomas a découvert entre-temps que sa petite voix à lui... C'est celle de l'information : découvrir, partager. Finalement, c'est un peu ce que fait un astronaute, non ?

Suite à un grave accident de la vie, Olivier Garibal a quitté son emploi dans une banque pour devenir producteur d'huile d'olive. L'une des meilleures au monde ! Enfant, Olivier rêvait d'être jardinier. En produisant son huile, il l'est clairement d'une certaine façon...

Je vais vous prendre également mon propre exemple. Quand j'avais 17 ans, je voulais faire une école de commerce avec une dominante en marketing, puis une spécialisation en arts plastiques, pour un jour créer mon entreprise. J'aime créer, c'est quelque chose qui est très important pour moi. Je passe donc mon temps libre à faire des loisirs créatifs.

Lors du premier entretien que j'ai décroché pendant la phase des concours pour intégrer une école, j'ai parlé de mon projet. Je n'ai pas été acceptée dans l'école en question, car mon projet « n'était pas clair ». Autant vous dire que je n'ai plus jamais parlé de ce projet en entretien de peur de me voir refuser l'entrée une nouvelle fois. J'ai donc enfoui cela au fond de moi très profondément.

Ferme les yeux et rappelle-toi : quel(s) métier(s) rêvais-tu de faire à 5 ans ? à 15 ans ? à 20 ans ? et aujourd'hui ?

	LE MÉTIER	POURQUOI ? QU'EST-CE QUI T'ATTIRAIT ?
5 ans		
10 ans		
15 ans		
20 ans		
Aujourd'hui		

Pourquoi as-tu choisi ce parcours d'études ?

Pourquoi as-tu choisi ton métier actuel ?

Qu'est-ce qui t'attirait véritablement dans ce métier ?

Quel rôle les autres (parents, entourage...) ou leur regard a-t-il joué sur tes choix ?

Était-ce vraiment ce que TU voulais faire ?

“ En troisième ou quatrième position, j'ai proposé à mes parents « avocate » et là ça avait l'air bien, donc c'était un total non-choix. ”

Alia Cardyn, d'avocate à coach puis romancière à succès[1]

“ Tu veux un peu plaire aux parents, donc tu y vas. Sciences Po, ça sonnait bien ! ”

Dorothée Barth, de journaliste à one woman show et cofondatrice de Jho[2]

“ Je voulais vraiment devenir dessinatrice, et, en fait, je me souviens avoir un moment changé d'avis, en me disant : « Je vais choisir un métier un peu plus sérieux. Essaie de garder un métier créatif mais un peu plus sérieux », du fait je pense, d'entendre toutes les voix qui me disaient que ce n'était pas un métier sérieux. ”

Cyrielle Pisapia, d'architecte à illustratrice[3]

1• Podcast *Pourquoi pas moi*, épisode 28.

2• Podcast *Pourquoi pas moi*, épisode 32.

3• Podcast *Pourquoi pas moi*, « En chemin », rendez-vous n° 1.

Dans ta vie professionnelle…

Quelles ont été les bonnes surprises ?

Quelles ont été tes désillusions ?

Selon la psychologie positive, la gratitude est une des émotions positives les plus fortes. Je t'invite donc ici à apprendre à remercier et (re)découvrir ce qui se cache derrière ton expérience ces dernières années.

Liste les éléments et les personnes à qui tu as envie de dire merci sur l'ensemble de ta carrière et explique pourquoi.

Lorsque tu auras établi cette liste, relis-la et regarde ce qui t'a apporté de la gratitude. Note ce qui te vient spontanément à l'esprit.

Et si… j'écoutais ce que mon corps me raconte ?

Dans notre société, nous avons (trop) tendance à n'écouter que notre tête. Le « je pense, donc je suis » de notre cher Descartes ne nous a pas aidés. Nous avons, en effet, tendance à oublier que notre corps est une boussole fantastique. Je te recommande très vivement de l'écouter, pour cette période de grande réflexion, mais également dans ta vie. Je suis curieuse de savoir ce qu'il te raconte.

“ Le corps ne ment jamais, alors que le mental peut chercher des solutions : le déni, la fuite, la création imaginaire... Le mental n'est pas toujours fiable s'il n'est pas accordé à l'énergie du corps. Il peut te faire partir loin dans des illusions, alors que le corps est un indicateur fiable, il ne va pas mentir. Il exprime quelque chose en soi. Ce sont de grands cadeaux. ”

Vincent Karche, de garde forestier à ténor aux randonnées lyriques[1]

“ La meilleure boussole, c'est le corps. C'est comme si on demandait à un ordinateur où est-ce qu'on a envie de partir en vacances. L'ordinateur ne peut pas savoir. [...] Tu ne peux pas demander à ton mental, ni aux autres. Ton mental, comme l'ordinateur, ne fait que croiser des informations, des connaissances, etc. Mais la destination, c'est ton cœur, et donc ton corps aussi, qui sait, au fond de toi. ”

Maud Ankaoua, de directrice financière et administrative à coach et romancière[2]

Je te propose de dissocier les signaux physiques de ceux comportementaux.

Rappelle-toi que tu fais cet exercice pour toi, donc il est important d'être honnête avec toi même...

Comme je te le disais dans le mode d'emploi, l'idéal est de faire ces exercices dans un lieu où tu te sens bien. Je pense par exemple à un musée, un café, sur un banc dans un parc, face à la mer, dans un jardin ou même dans ton bain ! L'important est d'être dans un cadre qui te sorte de ton quotidien, facile d'accès, idéalement qui t'inspire et/ou te ressource, et où tu ne seras pas dérangé.

1• Podcast *Pourquoi pas moi*, épisode 18.
2• Podcast *Pourquoi pas moi*, épisode 20.

N'hésite pas à prendre des grandes respirations avant de te lancer (5 inspirations de cinq secondes puis 5 expirations de cinq secondes), respirer pour de vrai ne peut te faire que du bien.

“ J'ai eu une opportunité professionnelle énorme, mais mon corps m'a fait comprendre, mon intuition profonde me disait que c'était « non ». Je n'ai pas tout de suite écouté ça. Je n'ai pas du tout écouté ça. J'ai perdu beaucoup de poids, en très peu de temps. Il m'a fallu quelques semaines pour comprendre. Même quand une opportunité a l'air fabuleuse, si l'intuition dit « non », elle sait mieux et c'est important de l'entendre. ”

Alia Cardyn, d'avocate à coach puis romancière à succès[1]

Les signaux physiques

Voici une liste, non exhaustive, de troubles physiques. Depuis plus d'un an, je discute avec beaucoup de personnes et je suis à chaque fois surprise de voir des symptômes tellement surprenants que les médecins eux-mêmes ne voulaient pas les croire.

Je pense, par exemple, à Daniel Blouin, expert en changement de vie, qui avait des problèmes de respiration. Il est donc allé voir un médecin qui lui a dit qu'il faisait de l'asthme. Sa prescription : avoir un aérosol pour le soulager en cas de besoin. En vérité, Daniel n'a jamais eu d'asthme de sa vie. C'était son corps qui lui parlait pour lui dire qu'il ne prenait pas la bonne direction. Quand il a quitté son travail, il a retrouvé une respiration normale.

1• Podcast *Pourquoi pas moi*, épisode 28.

Coche les symptômes qui te parlent.

Une fois encore, sois honnête avec toi-même.

- [ ] Troubles du sommeil : sommeil entrecoupé, difficulté à t'endormir, à te réveiller, impression de ne pas avoir dormi, prise de substances pour t'aider à dormir (naturelles ou non).
- [ ] Des douleurs récurrentes : tête, dos, abdomen, bras…
- [ ] Troubles du cycle menstruel.
- [ ] Troubles alimentaires : fringales, perte d'appétit.
- [ ] Troubles digestifs : nausées, constipation, spasmes.
- [ ] Vertiges, malaises, crises d'angoisse.
- [ ] Cicatrisation, en cas de plaie, plus longue qu'à la normale.
- [ ] Difficulté à respirer, sentiment d'oppression.
- [ ] Fatigue chronique, tu as l'impression de ne plus avoir d'énergie, même quand tu as dormi ou reviens de vacances.
- [ ] Perte de cheveux.
- [ ] Chute de tension.
- [ ] Problèmes dermatologiques.
- [ ] Autres.

« Pendant mes quinze ans de carrière corporate, où à l'extérieur tout semblait aller super bien, je vivais un profond mal-être, qui se traduisait chez moi par des troubles du comportement alimentaire. »

Johanne Averdy, de directrice marketing à succès à coach en alimentation intuitive[1]

1• Podcast *Pourquoi pas moi*, épisode 17.

« C'était tellement stressant que j'ai perdu la moitié de mes cheveux. À cette époque, j'avais tout le temps un bandeau sur la tête. Le stress était tellement dingue, et je me mettais tellement la pression, parce qu'il fallait que ça marche. »

Dorothée Barth, de journaliste à one-woman show et cofondatrice de Jho[1]

« Mes crises d'angoisse qui me donnaient de la tachycardie, c'est le meilleur exemple pour voir le lien entre le cerveau et le corps. »

Audrey Carsalade, de l'événementiel dans une grande maison de luxe à coach naturopathe[2]

Les signaux comportementaux au travail, mais aussi à la maison

Comme je le racontais lors d'une interview pour le podcast *The French Working Mum*, mon mari m'a dit un jour : « Dès que tu n'es pas patiente avec les enfants, c'est que tu ne vas pas bien. »

« Mon mari me disait souvent : « Avec les enfants tu es vachement moins patiente, on sent que tu es un peu plus agressive. » »

Cyrielle Pisapia, d'architecte à illustratrice[3]

En effet, quand cela ne va pas au travail, c'est rare que cela aille bien à la maison et vice-versa.

1• Podcast *Pourquoi pas moi*, épisode 32.

2• Podcast *Pourquoi pas moi*, épisode 33.

3• Podcast *Pourquoi pas moi*, « En chemin », rendez-vous n° 1.

Voici une liste, non exhaustive, de troubles comportementaux.

Coche ceux qui te parlent.

- [ ] Tu es irascible.
- [ ] Tu pleures de plus en plus souvent.
- [ ] Tu n'as plus de patience.
- [ ] Un rien t'agresse : le bruit, la lumière...
- [ ] Un rien te stresse et même t'angoisse.
- [ ] Le stress est devenu ton quotidien.
- [ ] Tu t'angoisses pour des choses, qui ne t'inquiétaient pas avant.
- [ ] Tu ressens des difficultés à te concentrer.
- [ ] Tu ressens des difficultés à te mettre à la tâche et/ou à la faire.
- [ ] Ton sens de l'écoute est amoindri.
- [ ] Tu as une nouvelle tendance à rejeter la faute sur tout le monde.
- [ ] Tu perds toute confiance.
- [ ] Tu as de plus en plus souvent une impression d'échec dans ce que tu entreprends.
- [ ] Tu te renfermes et évite ton entourage.
- [ ] Quand tu entends parler d'histoires de reconversion professionnelle, ça t'inspire, te donne l'envie et de l'espoir.
- [ ] Tu as le sentiment d'être inutile.
- [ ] Tu t'ennuies profondément au travail.
- [ ] Tu souffres d'un manque de reconnaissance permanent.
- [ ] Tu es déprimé.
- [ ] Tu n'arrives plus à prendre de recul sur les situations.
- [ ] Tu vois tout en noir.
- [ ] Tu es démotivé pour tout, alors que tu es une personne à la base pleine d'entrain.
- [ ] Tes journées sont interminables.
- [ ] Tu te noies dans un verre d'eau, ce qui ne te ressemble pas.
- [ ] La culpabilité est devenue ta meilleure amie.
- [ ] Tu as une certaine forme de honte de ce qui t'arrive.

- [ ] **Tu as augmenté ta consommation d'alcool ou de cigarettes.**
- [ ] **Tu ne te reconnais plus.**

Et si... j'observais ma météo ?

Je te propose de faire une petite expérience, qui ne te prendra pas beaucoup de temps, mais pourra t'aider à te faire prendre conscience de certains signes clés.

Si mes amies lisent ces lignes, cela les fera bien rire, car elles m'ont toujours surnommée « Évelyne ou Catherine », les plus vieux d'entre vous comprendront le clin d'œil.

Je te propose donc de faire une météo intérieure pendant quinze jours. Tu peux la noter sur ton cahier.

Tu peux par exemple utiliser des pictogrammes, comme ceux-ci.

L'idée est donc pendant ces quinze jours de te demander : « Comment est-ce-que je vais ? » Justifie ta réponse et note le pourquoi.

						POURQUOI ?
Jour 1						
Jour 2						
Jour 3						
Jour 4						
Jour 5						
Jour 6						
Jour 7						
Jour ...						

À la fin des quinze jours, observe et demande-toi : « Comment vais-je vraiment ? »

Regarde les explications que tu as ajoutées chaque jour et cherche à comprendre.

Une semaine avant d'avoir accepté de m'arrêter (à cause de mon burn-out), j'étais à mon cours de yoga hebdomadaire. À chaque début du cours, la prof nous demandait : « Est-ce que tout va bien, quelque chose de particulier à signaler aujourd'hui ? » Je me suis alors rendu compte que, en fait, cela faisait plus de six mois que je me disais chaque semaine la même chose : « Je suis à bout, je suis épuisée, je n'en peux plus. » Et puis, j'ai commencé à ouvrir les yeux sur mon état : j'avais des vertiges en permanence, je pleurais toutes les semaines, j'avais une oppression dans la poitrine, je n'arrivais plus à me concentrer...

Aucun doute que dans mon cas, j'ai attendu beaucoup trop tard pour m'arrêter et oser écouter ma petite voix.

On a souvent tendance à se mettre des œillères sur son état. Si tu as coché un grand nombre de symptômes dans mes deux listes, déjà sache que tu n'es pas seul, et, ensuite, si tu n'es pas accompagné par un médecin, je te recommande vivement de ne pas attendre pour appeler ton généraliste et réclamer un rendez-vous. Et si tu te dis que tu ne fais pas partie de ces personnes qui s'arrêtent dès qu'elles ont un petit coup de fatigue, et bien tous ces symptômes arrivent justement à des personnes comme toi.

En parallèle, demande à ton conjoint ou à ton entourage, comment ils te trouvent en ce moment.
Et s'ils estiment que ça ne va pas, depuis combien de temps ?

N'oublie pas que ton entourage te veut du bien, donc même si la vérité est parfois difficile à entendre, leur réponse sera sincère.

Si tu as des enfants, ils sont le plus beaux des miroirs, car comme dit l'adage : « La vérité sort de la bouche des enfants. » Leur parole est surtout sans filtre… si tu vois ce que je veux dire…

> “ Dimanche soir, je réunis tout le monde, et je leur dis : « Lundi matin, je vais leur dire que c'est fini. » Les enfants, qui sont grands m'ont répondu : « Oui vas-y Papa, tu es devenu chiant, il faut que tu en sortes. » ”
>
> Stéphane Soumier, de rédacteur en chef de BFM Business à président de B-smart TV[1]

La veille de mon arrêt maladie de quatre mois – qui constitue en quelque sorte le premier jour du reste de ma nouvelle vie, car j'ai quitté mon métier et ma vie d'avant à tout jamais –, mon mari a posé cette fameuse question : « Vous la trouvez comment Maman, en ce moment ? » La réponse de mon fils, qui avait à l'époque 7 ans, m'a fait très mal : « Maman, elle crie tout le temps, elle travaille tout le temps, elle est tout le temps stressée. » J'ai alors répliqué que Papa aussi travaillait beaucoup, car j'en étais convaincue. « Oui mais ce n'est pas pareil. » Six mois plus tard, nous leur avons posé la question à nouveau : « Maman ? Elle fait des blagues tout le temps. »

1• Podcast *Pourquoi pas moi*, épisode 30.

Et si... je faisais une petite cartographie de ma vie ?

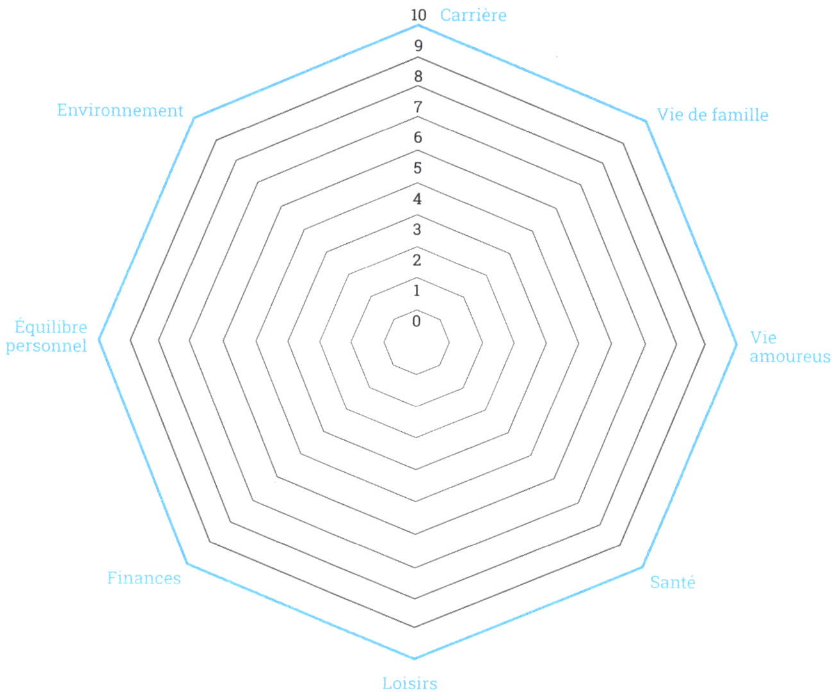

Note de 1 à 10 (10 étant la note maximale) chaque élément qui cartographie ta vie.

Reporte cette note sur ce diagramme, et trace des traits pour relier chaque point les uns aux autres[1]. Observe ensuite, est-ce vraiment ta carrière le problème ?

S'il y a des zones où cela ne va pas, essaye de prendre du recul et tente de comprendre.

Par exemple, si cela vient du travail, où est le problème ? Est-ce l'entreprise, le rythme de travail, les personnes avec qui tu travailles, ta mission dans l'entreprise... ?

1• Test inspiré de la méthode des huit quartiers de la vie de Catherine Fouilland.

Es-tu au clair sur ce qu'on attend de toi ?

La première grosse alerte de mon burn-out a été un très gros malaise, lors du week-end de préparation au mariage. En « bonne élève », je suis retournée le lundi au bureau, et, alors que je devais me reposer, le mercredi j'étais à Lille en séminaire avec le comité de direction.

Notre coach était au courant de ce qui m'était arrivé et nous a donc fait faire ce petit exercice qui consiste à écrire ce que nous pensons que les autres attendent de nous. Notre manager (le directeur général), lui, devait écrire ce qu'il attendait de chacun d'entre nous. Nous avons tous été très surpris par les écarts !

Imagine les tensions, les incompréhensions que cela peut engendrer, si tu mets ton énergie sur quelque chose qui n'est pas prioritaire pour ton boss et que tu ne mets justement aucune énergie sur quelque chose d'essentiel à ses yeux.

Mon travail aujourd'hui

Quelles sont les raisons qui ont fait que tu as accepté ce travail ?

Quelles sont les raisons qui font que tu restes à ce poste ?

Regarde objectivement quelles sont les bonnes et les moins bonnes raisons.

	LES BONNES RAISONS	LES MOINS BONNES
Pourquoi as-tu pris ce travail ?		
Pourquoi restes-tu ?		

Quand tu penses à ton travail, qu'est-ce que cela t'évoque ? Qu'est-ce que ton corps te raconte ?

Les yeux qui piquent ? De l'engouement ? De la joie ? De la lassitude ?...

Quand tu parles de ton travail à ton entourage, comment en parles-tu ?

Tu n'en parles pas ? Avec tristesse ? Avec fierté ?...

La matrice du bonheur

Le célèbre chercheur Martin Seligman a théorisé le bonheur, il s'agit du modèle Perma. Ce modèle dit que, pour être heureux, on a besoin des cinq composantes suivantes :

- *Positive emotions* (« Émotions positives »)
- *Engagement*
- *Relationship* (« Relations positives »)
- *Meaning* (« Sens »)
- *Achievement* (« Accomplissement »)

= BONHEUR

Je t'invite à te poser la question pour chacun de ces points. Est-ce que tu retrouves ces éléments dans ton travail ?

	OUI	NON
ÉMOTIONS POSITIVES* Commence par lire l'astérisque avant de répondre OUI ou NON		
ENGAGEMENT Te sens-tu engagé dans l'entreprise ?		
RELATIONS POSITIVES Dans l'ensemble, entretiens-tu des relations positives avec ton entourage professionnel ?		
SENS Est-ce que ce que tu fais au travail a du sens à tes yeux ?		
ACCOMPLISSEMENT Es-tu satisfait quand tu atteins tes objectifs ? Est-ce que tu considères ta rémunération comme juste ?		

*Selon le docteur en psychologie Barbara Fredrickson, les 10 émotions les plus fortes en psychologie positive sont les suivantes :

- La joie.
- L'amusement.
- La gratitude.
- L'espoir.
- L'intérêt.
- L'inspiration.
- La fierté.
- La sérénité.
- L'émerveillement.
- L'amour.

Tu me demanderas : « Qu'est-ce que l'amour vient faire ici ? » Et bien j'ai envie de te répondre : « Est-ce que tu aimes la personne que tu es, quand tu fais ce métier dans cette entreprise ? »

Qu'est-ce qui est le plus important pour toi dans ton travail ?

- [ ] La rémunération.
- [ ] La flexibilité.
- [ ] Le sens.
- [ ] Les horaires.
- [ ] Les missions.
- [ ] Le lieu de travail.
- [ ] Les personnes avec qui tu travailles.
- [ ] ...

« Probablement que si les anciens collègues écoutent ça, ils diront que c'est dur de dire que ça n'a aucun sens. Mais a posteriori, ça n'en avait pas. Mais étape après étape, ça avait toujours du sens. De l'intérieur, ça a beaucoup de sens ! D'ailleurs ça a encore sûrement encore beaucoup de sens pour eux maintenant, qui iront bosser lundi et je respecte ça. Mais avec du recul c'était une espèce de fuite en avant, le temps ne s'arrête jamais. »

Stanislas Gruau, de Head of Trading en matières premières à Explora Project[1]

« Je me suis forcé à faire des choses qui ne m'ont pas plu. Mais j'ai réussi à les faire, car je pense qu'on a une espèce de plasticité cérébrale qui fait qu'on s'adapte, on se crée des illusions et on avance comme ça. Cela ne m'a pas amené bien longtemps en bonne santé. »

Olivier Garibal, de la banque à la production d'huile d'olive[2]

1• Podcast *Pourquoi pas moi*, épisode 27.
2• Podcast *Pourquoi pas moi*, épisode 4.

Le bilan de mon métier actuel

Qu'est-ce que tu as, souhaites garder, ne souhaites surtout plus et aspire à avoir ?

	JE LE VEUX		JE NE LE VEUX PAS			
	Je l'ai et veux le garder	Je ne l'ai pas et le veux	Je ne l'ai pas et ne veux pas l'avoir	Je l'ai et ne veux plus l'avoir	Je suis prêt à passer outre	Je l'ai ou ne l'ai pas, mais il ne serait pas si compliqué de l'ajouter ou de le supprimer
LA RÉMUNÉRATION						
Ce que j'estime être une bonne rémunération						
Une rémunération stable						
Des perspectives d'augmentation						
La rémunération que j'estime mériter						
Un intéressement aux résultats de l'entreprise (primes, actions...)						
LES HORAIRES						
Avec de la flexibilité						
Fixes						
Décalés						
Des horaires que je trouve convenables						
Un temps de travail aménagé						

FORME DU CONTRAT						
Freelance						
CDI						
CDD						
Intérimaire						
Gérant						
Profession libérale						
Fonctionnaire						
Autre						

MISSIONS ET RESPONSABILITÉS						
Je suis intellectuellement stimulé						
J'ai le sentiment qu'on me fait confiance						
Je me sens reconnu						
J'ai le sentiment d'apprendre						
J'ai des responsabilités						
Je suis satisfait de mon statut social						
J'ai un rôle de manager / j'encadre une équipe						

ENVIRONNEMENT						
La sensation d'avoir la sécurité de l'emploi						
Un environnement de travail où je me sens bien						
Des avantages sociaux : RTT, tickets restaurants…						
Un temps de transport convenable						
Le télétravail possible						
Un cadre de travail agréable						
Des collègues bienveillants						
Du travail en équipe						
Des interactions fréquentes avec d'autres personnes						
Les valeurs de l'entreprise sont en adéquation avec les miennes						

CHARGE DE TRAVAIL						
J'ai un vrai équilibre vie pro et perso						
Je trouve ma charge de travail convenable						
Je trouve ma charge mentale convenable						

MANAGEMENT						
La direction de l'entreprise a une vision claire et garde le cap						
Un management bienveillant						
Je suis aligné avec la stratégie						
Évolution de carrière possible						

AUTRE						
Ce qui me manque						
Ce dont je ne veux plus						
Ce que je veux garder						
Ce que j'identifie mais accepte comme tel						

Dans ce qui te déplaît aujourd'hui, est-ce que cela t'a toujours déplu ou est-ce assez récent ? Essaie d'identifier ce qui a changé et comment ça pourrait redevenir comme avant.

« Le jour où tu n'apprends plus, il faut partir ! »

Augustin Paluel-Marmont, cofondateur de Michel et Augustin[1]

1• Podcast *Pourquoi pas moi*, épisode 29.

Depuis que j'ai commencé à travailler, mon père m'a toujours dit que ce qui est important dans le travail c'est d'être satisfait de :

- Tes missions dans l'entreprise.
- Des personnes avec qui tu travailles.
- Ta rémunération.

Et que si je cochais moins de deux de ces cases, il fallait partir.

AVIS D'EXPERTS

« Une reconversion réussie c'est avant tout savoir se connaître, se (re)trouver afin de créer un projet en lien avec nos réelles valeurs. »

Marie Samassa, coach en orientation, Le cabinet de Marie

« Mon meilleur conseil avant toute reconversion : identifie quelles sont tes valeurs socle. Tes valeurs, c'est ce qui est essentiel pour toi, ce à quoi tu aspires, et que tu défends (justice, courage, solidarité, liberté, amitié...), ce sont tes racines. »

Véronique Debord, EnjoyPsy

« Prenez le temps de plonger à l'intérieur de vous pour écouter ce que votre petite voix vous dit. Elle saura vous guider vers des envies profondes, pas toujours raisonnables, mais souvent porteuses d'une force motrice capable de vous faire déplacer des montagnes. "Elle ne savait pas que c'était impossible, alors elle l'a fait !" »

Marjorie Llombart, fondatrice de Dessine-moi une Carrière

Mon comité de soutien

C'est bien connu, les autres sont souvent un miroir de nous-même. Pourquoi ne pas se créer un petit comité de soutien pour cette réflexion ? Ce comité pourra évoluer en fonction de ta réflexion, de ton chemin.

« En réalité, s'il n'y a pas une personne qui te pousse et qui croit en toi, jamais tu n'y vas. »

Géraldine Decaux, du marketing dans les grands groupes à Lightinderm[1]

Dans le podcast *Pourquoi pas moi*, par le biais d'interviews trimestrielles intitulées « En chemin », je suis le parcours de personnes qui sont en train de changer de métier. C'est très intéressant de voir qu'à la question « À qui as-tu envie de dire "merci" et pourquoi ? », lors du premier rendez-vous la réponse est systématiquement : « L'entourage proche ». À partir du deuxième rendez-vous, ce sont des personnes d'un autre cercle qui sont citées.

Étape 1 : qui ?

J'anticipe tout de suite ta réaction. Avant tout, il ne faut pas avoir peur de demander. La première question à se poser, pour toutes les personnes à qui tu penses, est celle-ci : si elles te demandaient de le faire pour elles, qu'est-ce que tu leur répondrais ? Et n'oublie pas, aussi, que tout le monde adore qu'on lui demande de l'aide, c'est valorisant.

1• Podcast *Pourquoi pas moi*, épisode 34.

Ma recommandation d'échantillon de personnes :
Au niveau personnel :

- Une personne de ta famille.
- Un ami d'enfance.
- Un ami plus récent.

Au niveau professionnel :

- Ton manager (si c'est possible) ou un ancien manager.
- Une personne que tu manages ou a managé (si cela fait sens et si c'est possible).
- Un collègue.
- Un partenaire / prestataire / client (quelqu'un avec qui tu collabores et avec qui tu t'entends bien).

Liste les personnes que tu vas solliciter.

Étape 2 : les questions à leur poser

En fonction de ton degré de relation, tu n'es pas obligé de poser les mêmes questions à chacun, évidemment. Fais comme tu le sens, tout en te fixant tout de même des objectifs élevés. Tu vois ce que je veux dire ?

Comment tu me trouves en ce moment ?

Qu'est-ce que tu apprécies le plus chez moi ?

Quelle est ma singularité ?

Dans quelle situation je t'ai impressionné et pourquoi ?

...

Tu peux leur poser ces questions via un email ou en face à face. Tu peux amener le sujet en leur disant que tu réfléchis sur toi en ce moment et que tu as besoin d'y voir plus clair et que, comme tu les apprécies, tu aimerais avoir leur avis.
Ainsi, tu leur donnes des éléments de contexte et tu les valorises.

Étape 3 : j'intègre

C'est un très beau cadeau que ton entourage t'aura fait en répondant à ces questions. Désormais, prends le temps nécessaire pour comprendre ce qu'ils te disent. Y-a-t-il des choses qui ressortent que tu ne savais pas ? Des informations qui se croisent ? N'hésite pas à en parler avec eux et n'oublie pas de les remercier.

Étape 4 : je communique

Quoique soit ta décision, concernant ton changement de métier, il est très important de **parler**. On ne le répète jamais assez, parler est indispensable pour faire évoluer les prises de conscience, mais aussi pour débloquer des situations, quelles qu'elles soient.

« Comment traiter ses peurs ?
En parler avec son entourage. »
Nathalie Edlinger, de la gestion de projet informatique à Little Pop[1]

En parler avec ton entourage, mais aussi au sein de ton entreprise, est une des vraies clés – si cela est possible, bien évidemment. Tu pourrais être surpris par les résultats.

Pour ton entourage, pense aux « amis magiques ». N'oublie jamais qu'ils sont là pour t'aider, et même si parfois cela va te secouer, ce qu'ils te disent est pour ton bien. Mais ce n'est pas pour autant que tu dois toujours les écouter.

1• Podcast *Pourquoi pas moi*, « En chemin », rendez-vous n° 1.

Mais qu'est-ce qu'un ami magique ? « C'est quelqu'un qui croit en nous, plus souvent qu'on croit en nous-même. Qui est là en toute vérité, à qui on peut tout dire[1]. »

“ Il y a tellement de conseils dans tous les sens.
Et nous au fond de nous, qu'est-ce qu'on en pense ? ”

Dorothée Barth, de journaliste à one-woman show et cofondatrice de Jho[2]

“ À l'âge de 44 ans, j'ai lancé la Meringaie, avec mon mari. Au moment du lancement, un couple de très bons copains, nous a dit : « Ne le faites pas, vous êtes dingues, vous avez trois enfants ados, vous allez mettre tous vos œufs dans le même panier. Vous êtes fous ! » C'était une preuve d'amitié forte. On les a remerciés. Mais on l'a fait quand même. Chacun d'entre nous a une appréhension du risque global qui est différente. ”

Marie Stoclet Bardon, de directrice marketing dans un grand groupe à cofondatrice de la Meringaie[3]

“ Il y a un moment, il faut s'écouter. Tous les conseils qu'on nous donne, il faut les écouter, les prendre, mais il ne faut non plus les ériger en dogmes ou en ligne rouge. Car, si j'avais écouté ce qu'on m'avait dit, j'allais mourir en Antarctique, j'allais tomber dans une crevasse, ou quand j'allais partir à vélo tout seul vers Istanbul, je n'allais pas revenir, ou c'était une bêtise parce que je n'avais jamais fait de vélo. ”

Matthieu Tordeur, le plus jeune explorateur français et recordman mondial[4]

1• Christine Michaud, podcast *Pourquoi pas moi*, épisode 25.
2• Podcast *Pourquoi pas moi*, épisode 32.
3• Podcast *Pourquoi pas moi*, épisode 26.
4• Podcast *Pourquoi pas moi*, épisode 19.

Le portrait-robot des reconvertis

Ils ont passé le cap de la reconversion[1] !

	Ils ont déjà fait une reconversion	Ils sont en pleine reconversion
Je souhaitais une activité plus en phase avec mes valeurs / passions	53 %	67 %
J'avais fait le tour de mon poste et je m'ennuyais	28 %	33 %
Je souhaitais de meilleures conditions de travail	23 %	25 %
Je devais rebondir après un incident professionnel (licenciement, restructuration, etc.)	23 %	17 %
Suite à des problèmes de santé (maladie, burn-out...)	15 %	23 %
Je souhaitais une meilleure rémunération	15 %	13 %
Je souhaitais devenir entrepreneur / chef d'entreprise	14 %	18 %
Des contraintes familiales m'y poussaient (suivi de conjoint, arrivée d'un enfant, etc.)	12 %	7 %
J'avais envie de nouveaux horizons (géographiques)	10 %	9 %

Et toi, tu aurais répondu quoi à la question : « Pourquoi vous êtes-vous reconverti ? »

1• Étude Nouvelle Vie Pro 2019 sur les actifs français, trois réponses possibles.

Suis-je prêt pour une reconversion professionnelle ?

Maintenant que tu as écouté ton corps, que tu as fait ta météo intérieure, fais un petit peu d'introspection, décrit ce que tu veux et ne veux pas et sollicité ton entourage… Tu as déjà réalisé un sacré bout de chemin. Déjà, je te propose de te féliciter.

Est-ce le bon moment ?

« Il y a quatre ou cinq ans, je n'étais pas prête à renoncer à mon salaire, car je voulais voyager, acheter une maison. [...] Il n'y a pas de bon moment. [...] Le bon moment, c'est quand vraiment on sent que là ce n'est plus possible, et qu'il faut y aller. C'est ça le vrai bon moment. »

Aline Bunelle, du digital au salon de thé librairie[1]

« Il y a cette peur, tu sors de treize ans de CDI. Ça veut dire que tu n'as plus de points retraite. Même si tu n'y penses pas, tu sors aussi d'un système. À partir du moment où tu sors du rang, tu n'as plus de sécurité sociale, je me suis assise sur mes congés mat'. »

Audrey Carsalade, de l'événementiel dans une grande maison de luxe à coach naturopathe[2]

Quelques questions complémentaires à te poser avant de passer à ton projet :

Est-ce que tu as besoin de réaliser des choses avant de passer à l'action ?

Ces choses peuvent être dans plein de domaines différents : avoir un enfant tout en ayant la sécurité de l'emploi, faire des voyages, changer de logement…

1• Podcast *Pourquoi pas moi*, « En chemin », rendez-vous n°s 1 et 2.
2• Podcast *Pourquoi pas moi*, épisode 33.

En France, il y a encore un grand nombre de choses qui sont plus complexes quand on n'a pas un CDI, je pense à l'achat ou la location d'un appartement par exemple.

Est-ce que j'ai besoin d'économiser, avant de me lancer, pour avoir la capacité de rebondir ? Si oui, combien ?

Que se passera-t-il si je continue ainsi, et que je ne change rien ?

Ma peur est-elle plus grande que mon enthousiasme à changer de métier ?

« Il ne faut pas avoir peur, mais, en même temps, les peurs sont nécessaires. Tu les auras, mais il ne faut pas qu'elles te paralysent. Toutes les personnes qui se lancent, qui se reconvertissent rencontrent des peurs, mais c'est aussi ce qui les pousse. Tu auras des peurs, mais il ne faut pas avoir peur de la peur. »
Camille Perrotte, de consultante à gagnante du prix du Meilleur Pâtissier 2019[1]

« Mike Horn m'a dit un jour : « Mon envie de gagner est toujours plus forte que ma peur de perdre. » »
Cyril Despres, de mécanicien à champion de sports mécaniques[2]

Si tu changes de métier, es-tu conscient et prêt à accepter les impacts sur ta vie, ton quotidien ?

1• Podcast *Pourquoi pas moi*, « En chemin », rendez-vous n° 2.
2• Podcast *Pourquoi pas moi*, épisode 8.

Des exemples concrets :

- **Les horaires :** avec son activité de livraison de brunchs, Aline Bunelle travaille tout le week-end. Pour Damien Zeller, avec son nouveau métier de boucher, son réveil sonne largement avant le lever du soleil, et il n'a plus de week-ends de deux jours. Arnaud Douin, fondateur du Country Lodge, travaille le week-end et part plusieurs jours par semaine loin de chez lui et de sa famille à Paris.
- **La perte de salaire :** au début et même à terme, rares sont ceux qui retrouvent un niveau de salaire comparable. Je pense notamment à Stanislas Gruau, ancien trader devenu entrepreneur, ou à Alia Cardyn, avocate devenue romancière, qui pensent qu'ils n'arriveront jamais au même niveau de salaire que celui qu'ils avaient. C'est un choix avec lequel ils sont à l'aise aujourd'hui.

Une petite prise de hauteur

Pourquoi ne pas faire un SWOT de ton changement de métier ?

Le SWOT est une pratique marketing qui a fait ses preuves.

S (*STRENGTHS* = FORCES) *Quelles sont tes forces :* *qualités, atouts, en quoi es-tu doué ?* *Tes compétences ? Ton savoir-être…* **C'est ce qui est lié à toi**	**W (*WEAKNESS* = FAIBLESSES)** *Quelles sont tes faiblesses :* *défauts par rapport au métier, manque de ressources, tes propres limites…* **C'est ce qui est lié à toi**
O (*OPPORTUNITIES* = OPPORTUNITÉS) *Quelles sont les opportunités :* *ton réseau, le marché, la concurrence…* **C'est ce qui est lié à ton environnement**	**T (*THREATS* = MENACES)** *Quelles sont les menaces :* *le marché, la concurrence, les lois et la réglementation…* **C'est ce qui est lié à ton environnement**

“ C'est super d'avoir trouvé un métier où mon hypersensibilité est une force. Avant je devais maîtriser ça. Ma grande émotivité me permet d'injecter ça dans mes romans. Mon hypersensibilité a enfin son canal et sa raison d'être. ”

Alia Cardyn, d'avocate à coach puis romancière à succès[1]

Es-tu prêt à repartir de zéro ?

En effet, quand on change de métier, on repart évidemment depuis la plus petite marche de son nouveau métier. Cela n'est pas toujours simple à vivre, quand on était en haut de l'échelle.

“ Après quelques années en tant qu'avocate, je me suis dit : « J'ai raté ma vie, parce que j'ai mal choisi mes études, et maintenant c'est trop tard. J'ai déjà treize ans de diplôme universitaire. [...] J'ai foiré mes choix, et, en fait, moi je ne suis pas faite pour ce métier-là, mais maintenant c'est trop tard. Là, je ne pourrai pas recommencer ma vie, je n'ai plus le choix. » ”

Alia Cardyn, d'avocate à coach puis romancière à succès[1]

Es-tu prêt à te former ?

C'est une vraie question, car même si tu as les moyens financiers ou que tu arrives à faire financer ta formation, c'est du temps et beaucoup d'énergie.

1• Podcast *Pourquoi pas moi*, épisode nº 28.

Émilie Martinet est retournée sur les bancs de l'école pour apprendre son nouveau métier, alors qu'elle a deux enfants.

« J'apprends tout ce qui me manquait, parfois c'est très intense. C'est un investissement, mais je n'ai pas vraiment l'impression de travailler en faisant ça. J'ai l'impression que je serai à ma place. »

Émilie Martinet, de commerciale grand compte à décoratrice et architecte d'intérieur[1]

- 66 % des reconvertis ont fait une formation[2].

Voici les réponses à la question : « Seriez-vous prêt à reprendre une formation dans les cinq ans à venir afin de faire évoluer votre carrière ? »

- 43,7 % : oui, peut-être.
- 36,8 % : non.
- 19,5 % : oui, sans doute[3].

La durée des formations suivies par les reconvertis[2]	ILS SONT DÉJÀ RECONVERTIS	ILS SONT EN PLEINE RECONVERSION
Plus de six mois	68 %	60 %
De trois à six mois	13 %	21 %
Moins de trois mois	19 %	19 %

Es-tu prêt à y consacrer le temps et parfois le budget ?

On en reparlera plus tard dans le livre, car il existe un grand nombre d'aides. Mais il est de plus en plus rare d'avoir des formations financées à 100 % par des subventions ou autre.

Et comme je te le disais, il y a évidemment l'aspect financier, mais il y a aussi la question de l'énergie et du temps que cela va te prendre.

1• Podcast *Pourquoi pas moi*, « En chemin », rendez-vous n° 2.

2• Étude Nouvelle Vie Pro 2019 sur les actifs français.

3• Observatoire des trajectoires professionnelles 2018.

En conclusion

Voici un dernier exercice, pour t'aider à y voir plus clair.

Fais une liste des avantages et inconvénients de ce changement de métier, en pondérant chacun des éléments.

- **Essentiel : 3 points.**
- **Nécessaire : 2 points.**
- **Ça serait un plus : 1 point.**

LES AVANTAGES		LES INCONVÉNIENTS	
Liste des avantages	Nombre de points associés	Liste des inconvénients	Nombre de points associés
TOTAL POINTS AVANTAGES		TOTAL POINTS INCONVÉNIENTS	

Alors, de quel côté penche ta balance ?

Je te recommande de faire cette liste seul et de la montrer seulement ensuite à la personne qui partage ta vie ou à une personne proche qui fait partie de ton comité de soutien. Car il y aura sûrement des choses que tu auras oubliées.

Cet exercice est applicable à un grand nombre de choses dans notre vie. À l'occasion du premier confinement, je me revois encore avec mon mari à faire cette liste. Pour ou contre quitter Paris et retourner vivre à Marseille ?

À la fin du confinement, nous avons déménagé, et je peux vous dire que chaque matin nous sommes en joie de ce changement de cadre de vie. Oui, il y a des inconvénients. Alors même que j'écris ces lignes, je suis dans un TGV pour l'événement le plus important dans l'univers du podcast, où j'ai eu le plaisir de voir mon podcast être sur la deuxième place du podium du prix du public. Avant j'aurai eu à prendre un métro, maintenant cela me coûte près de sept heures de transport. J'en étais consciente, et demain matin, j'irai nager dans la mer sous le soleil, alors que nous sommes au mois d'octobre. C'est mon choix.

PS : Suis-je vraiment prêt pour la suite ?

Oui je sais, c'est étrange après une section « En conclusion » de ne pas arriver directement à la partie suivante. Mais j'avais envie de t'écrire un petit post-scriptum.

Dans la vie, il arrive qu'on ait envie de changement, et que cela nous perturbe, et perturbe également notre entourage. Il est important de se rappeler que le changement est un mécanisme nécessaire dans la vie. En effet, comme je le disais en introduction du livre, qui peut prétendre qu'il est la même personne aujourd'hui qu'il y a dix ans et qu'il sera la même personne dans vingt ou trente ans ?

> « On trouve une forme d'équilibre dans cet inconfort. Il y a beaucoup de personnes qui préfèrent rester dans leur zone de confort, plutôt que se dire : « Et si je change ça, qu'est-ce qui me dit que ça ne sera pas mieux ? » [...] Le problème, c'est que, aujourd'hui, le rythme de cette société va tellement vite que cet équilibre est de plus en plus instable et, on ne va pas se mentir, en continuant comme ça, on va tous se vautrer un jour, quasiment tous. »
>
> Thomas Sammut, préparateur mental aux 150 médailles internationales, conférencier et auteur[1]

1• Podcast *Pourquoi pas moi*, épisode 13.

Le changement fait peur, en partie parce qu'on ne sait pas ce qui va se passer. J'ai une bonne nouvelle, c'est que le processus du changement a été cartographié ! Le voici :

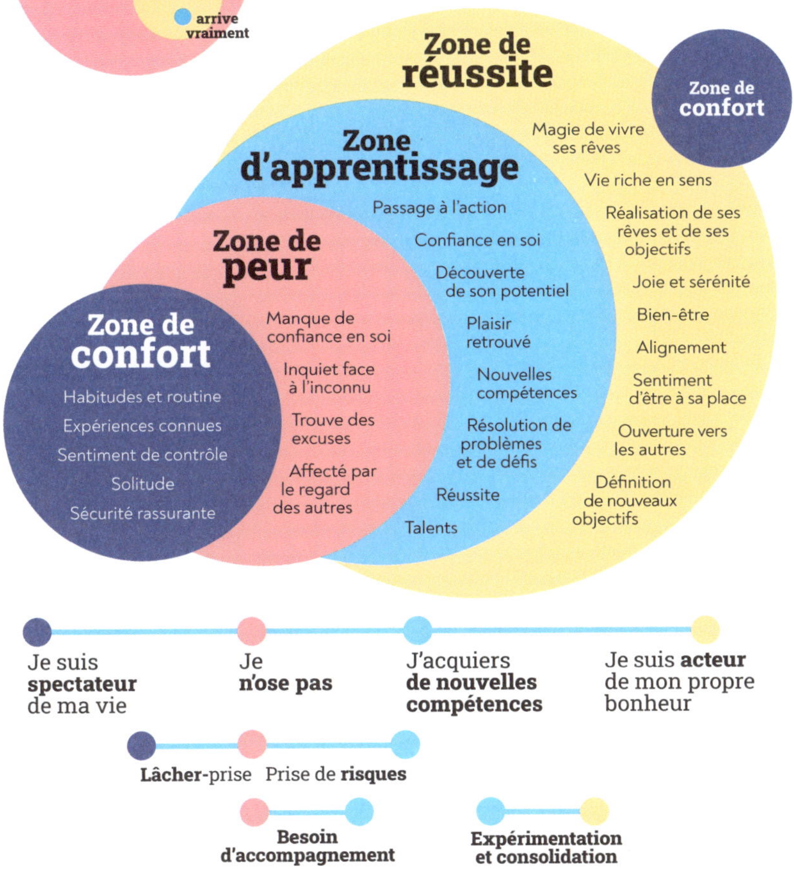

“ C'est une grosse erreur d'attendre la confiance pour faire le truc que tu sens que tu dois faire. La confiance se bâtit au fur et à mesure que tu le fais ! [...] À chaque fois je n'avais pas confiance. Au début c'était difficile, je pensais abandonner, je pensais que je n'étais pas fait pour ça, c'est ça une sortie de zone ! [...] Tu le sens, tu ne comprends rien, tu as très peur, tu le fais, c'est difficile, mais tu continues et tu souffres de moins en moins. ”

Daniel Blouin, de producteur de musique à entrepreneur et auteur-conférencier sur le changement de vie[1]

AVIS D'EXPERTS

« Surtout, ne laissez pas votre projet vous dévorer, que ce soit par les difficultés qu'il déchaîne ou par la douce ivresse de son succès ! Préservez votre alignement en affûtant votre mental, votre *mindset*, votre motivation et votre vision au jour le jour. Le cheminement en sera d'autant plus savoureux ! »

Alexia Colson-Duparchy, coach pour entrepreneurs
et développeuse d'affaires B.Right Brains

« Le meilleur conseil à donner à une personne qui va se reconvertir ? Ne pas attendre pour se lancer tout de suite, car la reconversion prend du temps. Et surtout ne pas tout remettre en question au moindre problème. Une reconversion est un chemin, il faut du temps pour construire sa seconde carrière tout comme on a passé des années à apprendre son premier métier. »

Clervie Rose, influenceuse (@clervierose)
et créatrice de Clervie Rose London

1• Podcast *Pourquoi pas moi*, épisode 3.

Où en suis-je dans mon projet ?

Quel est mon tempo ?

Je suis convaincue que vous êtes nombreux à vous dire : je ne peux pas tout quitter sans savoir exactement ce que je veux faire.

Pour moi, il faut différencier deux situations :

- Tu as une vague idée de l'orientation, mais tu ne sais pas exactement ce que tu veux faire.
- Tu sais ce que tu ne veux plus faire, mais pas ce que tu veux faire.

Une fois encore, dans les deux cas, tu n'es pas seul ! À la question « Avez-vous quitté votre situation professionnelle précédente en sachant vers quel projet vous alliez vous orienter ? », plus de la moitié ne savaient pas ce qu'ils voulaient faire.

- 46 % : oui, j'avais une idée précise.
- 21 % : oui, à peu près, j'avais une vague idée.
- 32 % : non, pas du tout, je n'avais aucune idée[1].

« J'avais plein de petites choses, différentes : j'avais un livre à assurer, j'avais des partenariats sur les réseaux, je faisais un petit peu de consulting pour certains restos à Paris. [...] J'avais donc cette angoisse de ne pas pouvoir quitter Accenture parce que je n'avais pas de grand projet. Et puis, je me suis dit : « Arrête de te mettre la pression pour les autres et arrête d'essayer d'avoir un gros projet. » »

Camille Perrotte, de consultante à gagnante du prix du Meilleur Pâtissier 2019[2]

1• Étude Nouvelle Vie Pro 2019 sur les actifs français.

2• Podcast *Pourquoi pas moi*, « En chemin », rendez-vous n° 2.

« Un dimanche soir, je réunis toute la famille et je leur dis : « Demain matin, je démissionne. » Quand ma femme me demande ce que je vais faire d'autre, je lui réponds : « Je n'en sais rien. » »

Stéphane Soumier, de rédacteur en chef de BFM Business à président de B-smart TV[1]

Certains te diront : « Tu ne peux pas partir sans savoir ce que tu veux faire. » Ne t'arrête pas à ce qu'ils te disent, car il est très probable qu'ils fassent une projection de leur propre vie sur la tienne. La question est : « Qu'est-ce que **toi** tu veux ? »

« Je n'ai jamais fait de choses trop inconsidérées, je suis beaucoup trop raisonnable pour ça ! Je me donne les moyens de faire ce que je veux faire, mais sans partir du jour au lendemain. Le déclic de me dire je bascule sur un temps plein pour Bliss, c'est le jour où j'ai commencé à recevoir plus d'e-mails pour Bliss que pour TF1. »

Clémentine Galey, de directrice de casting chez TF1 à Bliss Story[2]

Dans le cadre de *Pourquoi pas moi*, j'ai rencontré plusieurs cas de figure. Les plus prudents, comme Clémentine Galey ou Pedro Correa, ont demandé un temps partiel avant de se consacrer à temps plein à leur nouveau métier.

Les moins patients, comme Pénélope Boeuf ou Stéphane Soumier, ont quitté leur emploi sans aucune idée de ce qu'ils allaient faire.

Il y a également ceux qui prennent un congé pour création d'entreprise, je t'en parle à la fin du livre (voir p. 182).

1• Podcast *Pourquoi pas moi*, épisode 30.

2• Podcast *Pourquoi pas moi*, épisode 5.

C'est ce qu'Augustin Paluel-Marmont, le cofondateur de Michel et Augustin, avait pris à l'époque où il a écrit un guide sur les boulangeries parisiennes, qui a fait un carton.

Le choix de la méthode relève à mon sens de la personnalité et du contexte de chacun. Ce type de décision est, en effet, lié à plusieurs éléments.

« L'aspect financier ne doit pas être la priorité, mais doit être assuré. »

Alia Cardyn, d'avocate à coach puis romancière à succès[1]

Est-ce que...

- Aller travailler t'est devenu tellement insupportable que tu n'as pas du tout la capacité à réfléchir à ce que tu voudrais faire après ?
- Cela est-il envisageable de se lancer en parallèle de ton travail actuel, dans un deuxième projet ? Dans un premier temps le soir puis à temps partiel ?
- Financièrement, après avoir fait un budget réaliste, peux-tu te le permettre ?

« Je n'avais pas de passion, pas de projet, je savais juste qu'il fallait que je m'en aille. »

Audrey Carsalade, de l'événementiel dans une grande maison de luxe à coach naturopathe[2]

1• Podcast *Pourquoi pas moi*, épisode 28.
2• Podcast *Pourquoi pas moi*, épisode 33.

Un métier passion ou non ?

Pas forcément !

« J'ai lu beaucoup de choses… Des blogs, des bouquins de gens qui d'un seul coup ont la révélation, qu'ils ont envie de faire ça et que, bim, à 35 ou 45 ans, ils ont trouvé leur truc et c'est parti ! Moi je me suis dit : « Super, et si ça ne m'arrive jamais ? Comment ça se passe ? » Parce qu'il y a beaucoup de choses que j'aime, beaucoup, mais je n'ai pas l'impression d'avoir une passion très forte dont je puisse en faire mon travail. Ce n'est pas ça. J'ai donc décidé de ne pas me mettre de pression, de garder ça dans un coin de ma tête et de vivre. »

Nathalie Edlinger, de la gestion de projet informatique à Little Pop[1]

Aujourd'hui, les reconversions professionnelles les plus médiatisées sont très souvent le fruit d'une passion. Mais dans les faits, l'exemple de Camille, qui a gagné le prix du Meilleur Pâtissier, ou celui de Juliette, dont vous avez lu le témoignage, sont assez exceptionnels. En effet, seuls 19 % des actifs français souhaitent transposer leur passion en métier[2].

Et d'ailleurs, il est intéressant de regarder certains parcours. Je pense notamment à Damien Zeller, dont je t'ai déjà parlé. Il était directeur commercial chez Capgemini et est aujourd'hui boucher.

Avant de le rencontrer, j'étais convaincue que c'était son rêve depuis toujours. Et bien non, pas du tout ! Il est devenu boucher car il voulait un travail qui lui permette de créer un lien avec sa région.

1• Podcast *Pourquoi pas moi*, « En chemin », rendez-vous n° 1.

2• Étude Nouvelle Vie Pro 2019.

Et s'il suffisait de se créer un certain cadre pour avoir un travail passionné ?

Quand Stéphane Soumier est arrivé chez BFM Business, il venait de chez Europe 1, il ne connaissait absolument rien à l'univers de l'économie mais comme il le dit lui-même : « À un moment vous ne parlez plus que de ça, ça devient une passion. »

« Je sais qu'il y a des gens qui naissent comme ça, ils enchaînent les passions. Moi, pas trop. Ma passion c'était de faire la fête et d'être avec mes amis, j'étais hyper sociable. Maintenant, oui, je suis une grande passionnée, parce que j'ai enfin trouvé cette fameuse petite voix. »

Audrey Carsalade, de l'événementiel dans une grande maison de luxe à coach naturopathe[1]

Scott Dinsmore a fait une étude[2] qui a fait beaucoup parler d'elle, selon laquelle, les personnes qui sont passionnées par leur travail ont en commun plusieurs éléments. On ne parle donc pas ici de métier passion mais de personnes passionnées. Là est la nuance. J'imagine que tu es impatient de connaître ces quatre ingrédients. Les voici !

1 Être son propre expert

On peut être expert en stratégie, en pâtisserie... et si devenir un expert de soi-même était le début de tout ? En prenant connaissance de tes points forts, de ta singularité, mais aussi de tes zones d'incompétences, tu auras une meilleure maîtrise de toi-même et sauras comment prendre soin de toi et de ta différence.

1• Podcast *Pourquoi pas moi*, épisode 33.

2• https://liveyourlegend.net/

Pour trouver son identité, il faut :

- Croire en soi.
- Utiliser ton pouvoir « pour les autres » au lieu de « sur les autres ».
- Être toujours optimiste.

“ Comment j'arrive à mes fins ? En comprenant la concurrence qui est autour de moi et en jouant de mes atouts, parce que je n'ai pas les mêmes que tout le monde. J'ai comme un tableau de bord de voiture en moi. Si je suis dans une phase orange, il faut que je dorme plus, que je fasse plus de sport, que je lève le pied. J'ai appris assez bien à me gérer, ce qui est tout de même une clé du succès. ”

Augustin Paluel-Marmont, cofondateur de Michel et Augustin[1]

2 Dépasser ses limites

“ Les barrières on se les met soi-même, et tant qu'on n'essaie pas de s'en approcher, et puis ensuite de les ouvrir, personne ne va le faire à sa place ! Je ne regrette pas de les avoir repoussées très franchement en 2000 et d'avoir fait mon premier Dakar. ”

Cyril Despres, de mécanicien à champion de sports mécaniques[2]

“ 85 % de la population française manque d'estime de soi. Vous pensez que tout a été facile pour Camille Lacourt ou pour Florent Manaudou ? Non, car à un moment donné, ils se disaient : « Je ne pourrai pas être champion du monde. » [...] À partir du moment où ils se sont dit : « Pourquoi pas moi ? », leur vie a radicalement changé. ”

Thomas Sammut, préparateur mental aux 150 médailles internationales, conférencier et auteur[3]

1• Podcast *Pourquoi pas moi*, épisode 29.
2• Podcast *Pourquoi pas moi*, épisode 8.
3• Podcast *Pourquoi pas moi*, épisode 13.

N'importe quel expert du développement personnel te le dira, nos barrières, nos freins, nous nous les créons nous-même. Si tu commences à faire tomber tes limites, à essayer de sortir de ta zone de confort, petit à petit tu vas entrer dans une spirale positive qui t'invitera à dépasser chaque jour tes peurs.
Commence par te fixer des petits objectifs, pour accomplir au final de grands projets.
Observe cette image, quel chemin te paraît le plus simple pour atteindre les nuages ?

« Si on veut obtenir quelque chose que l'on n'a jamais eu, il faut tenter quelque chose que l'on n'a jamais fait. »

Périclès

3 Être entouré de personnes passionnées

Comme le martèle Matthieu Stefani, du célèbre podcast *Génération DIY*, nous sommes la somme des personnes que nous fréquentons. Le rôle de l'entourage est un axe majeur dans le podcast *Pourquoi pas moi*, car je suis convaincue et le prouve à chaque épisode : l'entourage est essentiel !

Il est important d'avoir des personnes qui vous tirent vers le haut, dans votre entourage proche ou ailleurs. Attention à ne pas pour autant trop attendre des autres non plus.

« Merci à ma femme. Si elle n'avait pas été là, une immense partie de tout cela n'aurait pas été possible. »

Stéphane Soumier, de rédacteur en chef de BFM Business à président de B-smart TV[1]

« On est obligé d'avoir la foi au final dans son projet, ça ne peut pas venir des autres, même si les autres sont ce petit moteur qui va t'aider, qui va potentiellement te donner des ailes pour aller un peu plus loin. Mais ce n'est pas eux qui vont faire le job, et ça c'est super important. »

Aline Bunelle, du digital au salon de thé librairie[2]

Il est prouvé scientifiquement que les personnes qui nous inspirent peuvent « déteindre » sur nous. Je m'explique, en observant des personnes qui vous inspirent, vous pouvez vous approprier leur force, en vous mettant dans leur peau. C'est ce qu'on appelle les « rôles modèles ».

Quelles sont les personnes que tu admires ?

Cherche donc ces personnes et observe leurs actions, leur comportement, leur capacité à diriger, à se mettre en mouvement et utilise tout cela, comme un stimulant. Demande-toi, ce qu'il ou elle ferait dans cette situation ?

4 Faire quelque chose qui a du sens

As-tu déjà entendu parler de l'Ikigai ? Ce mot signifie « raison d'être » en japonais. L'Ikigai est un moyen de trouver sa voie.

1• Podcast *Pourquoi pas moi*, épisode 30.

2• Podcast *Pourquoi pas moi*, « En chemin », rendez-vous n° 1.

Selon l'Ikigai, ton métier doit correspondre à ces trois points :

- **Ce dont le monde a besoin.**
- **Ce pour quoi tu es doué.**
- **Ce pour quoi tu es payé.**

Sans oublier **ce que tu aimes**... Sinon, tu auras un sentiment de satisfaction, mais aussi un manque de sens.

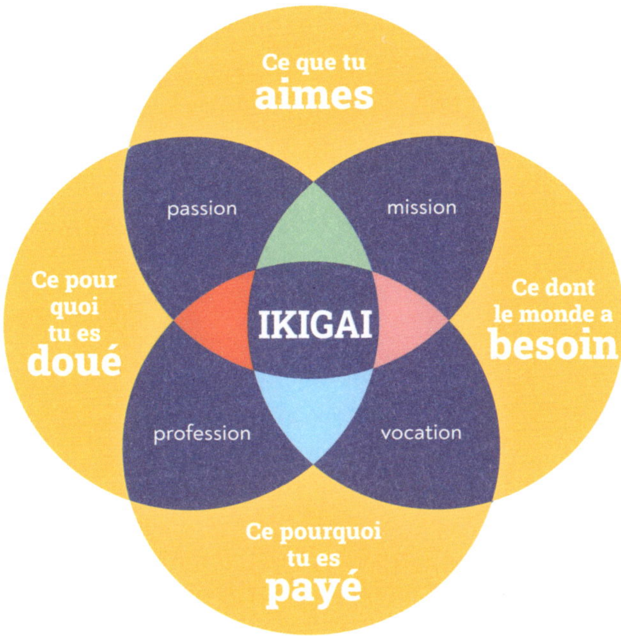

Je peux te dire que toutes les personnes que j'ai interviewées qui ont trouvé leur voie n'ont plus l'impression de travailler.

AVIS D'EXPERTS

« Une reconversion réussie c'est être fier(e) du chemin accompli et se sentir libre de changer à nouveau de direction si le cœur vous en dit. »

Dominique Barreau, coach, storyteller, autrice

> « Une reconversion réussie, c'est choisir un travail qui respecte les quatre piliers essentiels pour être heureux : le métier, la finalité de ce dernier, l'environnement dans lequel on évolue et le respect des impératifs personnels. »
>
> Ludovic de Gromard, cofondateur et directeur général de Chance

Je me fais accompagner

- 54,6 % des actifs déclarent vouloir changer de profession dans l'année à venir, et ne pas savoir vers qui se tourner pour trouver de l'aide, de l'accompagnement ou des conseils pour orienter sa carrière[1].

Les Français semblent démunis par rapport à la reconversion professionnelle. En effet, l'accompagnement est un sujet clé des freins au passage à l'acte.

- 39 % : je ne sais pas par où commencer.
- 33 % : je manque d'informations et d'accompagnement.
- 30 % : j'ai peur de sortir de ma zone de confort.
- 27 % : mon projet n'est pas encore assez mûr.
- 23 % : je crains l'investissement financier.
- 13 % : je ne sais pas comment articuler ma reconversion à ma vie perso.
- 10 % : je n'ai pas les compétences nécessaires[2].

Selon cette même étude, 33 % des actifs français répondent à la question « Qu'est-ce qui pourrait vous aider ? » par « être orienté par un coach ». J'ai une très bonne nouvelle. Il existe bien évidemment des coachs, mais aussi un ensemble d'organismes qui permettent de t'accompagner dans ta démarche.

1• Observatoire des trajectoires professionnelles 2018.

2• Étude Nouvelle Vie Pro 2019 sur les actifs français, plusieurs réponses possibles.

En fonction de ton temps disponible, de ton budget et de ton état physique et mental, il y aura forcément une option qui sera adéquate pour toi.
Quel que soit le choix que tu fais, il sera important de réfléchir à ce que tu veux et à ce dont tu as besoin.

Les organismes

Aujourd'hui, un grand nombre d'organismes ont pour mission de t'accompagner dans ta reconversion. À chacun sa formule, à chacun ses objectifs, sa philosophie. Tu retrouveras à la fin du livre une liste de ces organismes et le lien vers un benchmark très complet des programmes qu'ils proposent. Grâce au benchmark, tu pourras comprendre toutes les subtilités entre les différentes approches. En dehors des objectifs et modalités pratiques, ce qui est également important c'est que tu te sentes en confiance et à l'aise avec la démarche et les personnes qui vont t'accompagner. Il y en a pour tous les goûts, et ça c'est évidemment encore une bonne nouvelle.

Les coachs

Les typologies de coachs sont très variées. Il peut y avoir des coachs de vie, des coachs en transition professionnelle, des business coachs.... Ce qu'il faut absolument valider lorsque tu choisis un coach, c'est avant tout de savoir si tu te sens en confiance avec cette personne.
Presque tous les coachs proposent une séance de découverte d'une vingtaine de minutes. Écoute ton corps pendant cette séance, et vois si tu te sens en confiance, à l'aise, écouté. Comme dit le proverbe, « chaque pot a son couvercle ». C'est pareil pour un coach et un coaché. En effet, nous ne sommes pas faits pour nous entendre avec tout le monde. Certaines personnes attendent

exclusivement une oreille attentive, d'autres préféreront qu'on les challenge en plus. Si tu ne te sens pas à l'aise, ou en confiance, cela ne marchera pas. Pour rappel, le coach est là pour que tu te poses les bonnes questions et que tu regardes devant toi, là où un psychologue te permettra de regarder en arrière.

Le bilan professionnel

Qu'est-ce que c'est ?
Le bilan professionnel, comme son nom l'indique, va permettre de faire un bilan sur ta vie professionnelle mais également personnelle.

Qui le réalise ?
Un cabinet de ressources humaines.

Quel est l'objectif ?
Il permet de faire un bilan tant professionnel que personnel. Il permettra de déterminer les motivations et les aptitudes là où le bilan de compétences ne s'arrêtera que sur les compétences.

Pour qui ?
Les salariés qui ont plus de dix ans d'expérience professionnelle.

Quelles sont les phases ?

- Analyse.
- Investigation (test de connaissances et de personnalité).
- Formalisation du projet.
- Conclusion.

Combien de temps ?
Entre 20 et 24 heures, en entretien individuel ou collectif.

Combien ça coûte ?
Il peut être pris en charge par l'entreprise, dans le cadre du plan de formation ou financé par le salarié directement.

Le bilan de compétences

Qu'est-ce que c'est ?
Comme son nom l'indique, le bilan de compétences va permettre d'analyser tes compétences et ton savoir-être. Ce qu'on appelle les *softs skills* – ce qui est inné chez nous – et les *hard skills* – ce qui s'apprend.

Qui le réalise ?
Des coachs certifiés, des organismes dédiés.

Quel est l'objectif ?
Faire le point sur ses compétences professionnelles et sur la façon dont on veut les faire évoluer.

Quelles sont les phases ?
Préliminaires :

- Analyse de la demande et du besoin.
- Définition du format le mieux adapté à la situation et au besoin.
- Définition conjointe de la procédure de déroulement du bilan.

Investigations et tests (au choix) :

- Construction du projet professionnel et vérification de la pertinence.
- Élaboration d'une ou plusieurs alternatives.

Conclusion :

- Appropriation des résultats détaillés de la phase d'investigation.
- Recensement des conditions et des moyens qui vont favoriser la réalisation du ou des projets professionnels.

- Planification des principales étapes du ou des projets professionnels, dont la possibilité de bénéficier d'un entretien de suivi avec le prestataire de bilan de compétences.

Combien de temps ?
Cinq à huit rendez-vous de 2 à 3 heures, 24 heures au plus, sur plusieurs semaines.

Bon à savoir
Lorsque le bilan est réalisé sur le temps de travail, il donne lieu, pendant sa réalisation, au maintien de la rémunération. Cela s'appelle un « congé pour bilan de compétences ». Si ton employeur te propose un bilan de compétences dans le cadre du plan de développement des compétences de l'entreprise ou d'un congé de reclassement, il a l'obligation de te demander ton accord.

Pas envie d'en parler à ton employeur, mais de le faire financer ?
Lorsque le salarié utilise son compte personnel de formation (CPF, voir p. 181) pour un bilan réalisé hors du temps de travail, l'employeur n'a pas à être informé.
Lorsque le salarié utilise son CPF pour un bilan réalisé pour tout ou partie pendant le temps de travail, il doit demander l'accord préalable de l'employeur selon les règles propres à l'utilisation du CPF.

Combien ça coûte ?
1000 à 3000 €.

Quel financement ?
Certains organismes sont agréés, et il est donc possible de faire financer un bilan de compétences par Pôle emploi ou par l'employeur.
Si ce n'est pas déjà fait, découvre le témoignage de Marjorie (voir p. 10), qui a fait un bilan de compétences.

Le conseil en évolution professionnelle (CEP)

Qu'est-ce que c'est ?
Le conseil en évolution professionnelle est un dispositif d'accompagnement personnalisé pour faire un point sur sa situation et ses projets professionnels.

Qui le réalise ?
Le Fongecif, les Opacif, Pôle emploi, l'Apec, les Missions locales, les CAP emploi.

Quel est l'objectif ?
Accompagnement personnalisé pour améliorer sa qualification, accompagner l'évolution professionnelle pour s'orienter et construire un projet professionnel.
Cet accompagnement permet de faire le point, de prendre du recul sur sa situation professionnelle et de réaliser des choix éclairés en fonction de ses compétences actuelles ou à développer, de son parcours et de ses aspirations. Tu en ressortiras ainsi avec un projet professionnel. Il t'aidera à choisir la ou les formation(s) professionnelle(s) à privilégier.

Pour quoi ?
- Anticiper une mobilité professionnelle.
- En période de transition professionnelle.
- Lors d'une création ou d'une reprise d'entreprise.

Quelles sont les phases ?
- Un entretien individuel pour analyser la situation professionnelle.
- Un conseil visant à définir le projet professionnel.
- Un accompagnement dans la mise en œuvre de ce projet.

Combien de temps ?
Quelques heures en dehors de ton temps de travail. Un accord de branche ou d'entreprise peut prévoir les conditions dans lesquelles celui-ci peut être mobilisé sur le temps de travail.

Combien ça coûte ?
C'est gratuit pour tous.
Toutes les informations ici : https://mon-cep.org/

Salarié, pas envie d'en parler à ton employeur ?
Il suffit de prendre rendez-vous avec un conseiller Apec pour les cadres ou avec une commission paritaire interprofessionnelle régionale (CPIR) pour les autres cas.

L'*outplacement*

Qu'est-ce que c'est ?
Le reclassement externe, plus communément appelé par son terme anglais *outplacement*, est un accompagnement dans le cadre du départ d'un salarié pour le repositionner professionnellement.

Quel est l'objectif ?
Il a pour objectif d'accompagner l'ancien salarié vers un nouvel emploi, qu'il s'agisse d'une reconversion ou non. Le consultant accompagne et aide à trouver le travail qui lui correspond le mieux.

Pour qui ?
Suite à un licenciement économique ou à une rupture conventionnelle. Cet accompagnement peut avoir lieu avant le départ effectif du salarié de l'entreprise.

Qui le réalise ?
Un cabinet en ressources humaines.

Pour quoi ?
L'*outplacement* aide à retrouver un emploi qui te correspond.

Quelles sont les phases ?
- Bilan professionnel.
- Définition d'un projet professionnel.
- Documentation.
- Recherche de formation.
- Action : aide à la recherche d'emploi ou création / reprise d'entreprise.
- Accompagnement.

Combien de temps ?
Une rencontre hebdomadaire pendant 3 mois à 1 an. En moyenne, 6 mois.

Combien ça coûte ?
- Accompagnement collectif : entre 2000 et 4000 €.
- Accompagnement individuel : entre 3000 et 5000 €.

L'*outplacement* peut être financé par l'entreprise. Il est obligatoire dans un contexte de licenciement de plus de 10 salariés. Dans les autres cas, il pourra émaner d'une proposition de l'employeur ou être négocié par le salarié lors de son départ.

Si ce n'est pas déjà fait, découvre le témoignage de Juliette (voir p. 64), qui a été accompagnée par un cabinet d'*outplacement*.

Je me conforte dans mon choix

Les freins récurrents à lever

- **44 %** des Français considèrent le changement de métier, d'activité ou d'entreprise comme risqué[1].

« J'avais plein de petits blocages qui me freinaient, comme le fait que je n'avais pas droit au chômage. De plus, je n'avais pas spécialement d'économies. [...] Il y avait aussi le salaire. En cabinet d'avocats, les salaires sont plutôt élevés. [...] J'ai fait mes comptes et je me suis rendu compte que, en fait, c'était jouable ! La question du statut était mon dernier point de blocage. J'en ai parlé à des amis, et ils m'ont dit : « On s'en fout complètement, ce n'est pas comme ça qu'on te voit et ça n'impressionne personne. » Quand tu veux faire un *moove* dans quelque chose, il faut identifier les points qui te freinent, les analyser et voir à quel point ils sont importants. »

Margaux Hammer, d'avocate au Curiosity Club[2]

« Quand on y réfléchit, il y a toujours une bonne raison de ne pas se lancer. On peut facilement trouver des arguments qui montreront que ce n'est pas une bonne idée. Effectivement, tous les voyants ne sont peut-être pas au vert, mais, si on est convaincu que c'est une bonne idée, si le projet nous anime, c'est qu'il y a quelque chose à creuser. Tentons-le ! »

Laura Di Muzio, de championne de France de rugby à entrepreneuse et chroniqueuse TV[3]

1• Étude Ifop Monster, février 2017.
2• Podcast *Pourquoi pas moi*, épisode 23.
3• Podcast *Pourquoi pas moi*, épisode 10.

Plusieurs freins empêchent les Français de faire un travail qui les inspire :

- **1/3** ont peur de se tromper (dont 79 % ont moins de 34 ans).
- **31 %** ont peur de ne pas avoir l'expérience professionnelle nécessaire pour le métier qui les inspire.
- **27 %** craignent de devoir changer de rythme de travail.
- **22 %** des actifs ont peur des coûts éventuels de la formation.
- **46 %** des parents d'enfants de moins de 18 ans sont inquiets à l'idée de baisser leur niveau de vie en changeant de métier.
- **51 %** des jeunes de 18 à 24 ans sont frileux quant au temps qu'il faudra passer à se former.
- **67 %** des actifs qui ont plus de 55 ans estiment que leur âge est un frein[1].

Évidemment qu'il y a des risques à changer de métier, mais la question est : « Est-ce que ce qui te freine est lié aux barrières que tu te mets ou à des barrières réelles ? »

Prends ton cahier et liste les 5 freins qui font que tu as peur de te lancer.

Tu peux le formuler par exemple comme : « Je rêve de faire xxx, mais xxx. »

Pour chacune de ces phrases, je te propose de te mettre à la place des 3 personnes suivantes, et réfléchir à ce qu'elles te rétorqueraient si elles t'entendaient dire ça.

- **Ton meilleur ami.**
- **Une personne qui te veut du mal.**
- **Une personne que tu admires.**

Observe ce qu'il y a derrière ces « mais ».

1• Étude Chance YouGov, septembre 2020.

Sois objectif par rapport à tes réponses. Par exemple : « Je rêve de devenir xxx, mais je suis trop vieux pour changer de métier. » Peut-être, mais en es-tu vraiment certain ? Regarde l'exemple de Juliette...

Tu peux également faire l'exercice des 5 pourquoi, il permet d'aller en profondeur sur les causes.

À 2-3 ans, les enfants ont leur phase du « Pourquoi ? ». Il est prouvé que, en escaladant les pourquoi, en allant jusqu'à 5 pourquoi, tu arriveras à la cause racine.

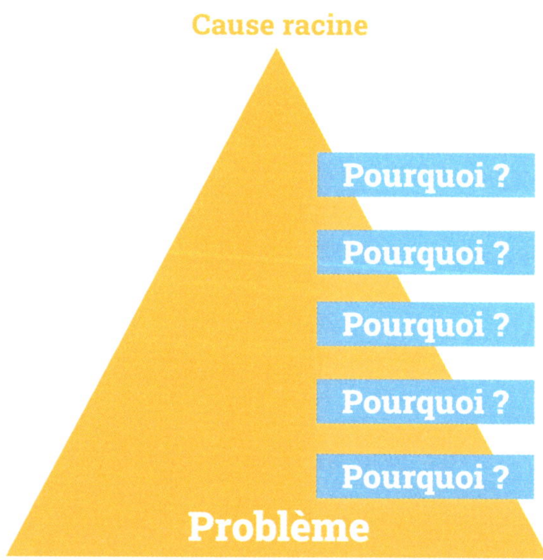

Pour la partie suivante, je vais laisser exclusivement la parole à ceux qui sont passés par là et que j'ai rencontrés au travers du podcast. Ils résument parfaitement ma pensée.

La peur de l'échec

« J'ai une énorme peur de l'échec. On m'a appris qu'il fallait réussir. C'était donc difficile de lâcher ce truc-là. J'avais une carrière toute tracée et je mettais tout à plat. Est-ce-que je saurais faire ? Est-ce-que cette idée va marcher ? »

Géraldine Decaux, de directrice marketing dans les grands groupes à Lightinderm[1]

« On prend toujours le risque que ça ne fonctionne pas, mais à la rigueur ce n'est pas grave. Le sport t'apprend que tout n'est qu'une succession de petits échecs et de petites réussites. »

Laura Di Muzio, de championne de France de rugby à entrepreneuse et chroniqueuse TV[2]

« À partir du moment où on s'est posé les bonnes questions, qu'on sent que c'est le moment, et qu'il ne manque pas grand-chose. Il faut oser. On n'a qu'une vie. Ça m'a aidée de réfléchir à ce que je ferais si ça ne marche pas, à comment je réagirais, comment je le vivrais. Et à partir du moment où j'ai accepté que ce n'était pas grave, et que je devais aller au bout de mon idée, je me suis dit que je n'avais plus de raison, que je n'avais plus d'excuses. »

Émilie Martinet, de commerciale grand compte à décoratrice et architecte d'intérieur[3]

« C'est comme si on disait à un enfant qui apprend à marcher que, s'il tombe, c'est qu'il a fait une erreur. Non, tomber fait partie du processus de réussite. La réussite c'est se relever une fois de plus après être tombé. »

Maud Ankaoua, de directrice financière et administrative à coach et romancière[4]

1• Podcast *Pourquoi pas moi*, épisode 34.
2• Podcast *Pourquoi pas moi*, épisode 10.
3• Podcast *Pourquoi pas moi*, « En chemin », rendez-vous n° 2.
4• Podcast *Pourquoi pas moi*, épisode 20.

“ Il ne faut pas avoir peur de tomber, au contraire. L'apprentissage est là. De toutes les façons, on tombe tous. À un moment ou à un autre, professionnellement, personnellement… Autant y être préparé. On développe une forme de souplesse en tombant. ”

Hortense Harang, de reporter de guerre à la BBC à Fleurs d'ici[1]

“ C'est comme quand tu fais un gâteau, il ne faut pas avoir peur de faire une merde. C'est comme ça qu'on grandit. Une entreprise c'est comme faire un gâteau. Tu ne vas pas faire le gâteau le meilleur du monde, parfait, *one shot*. Il va falloir que tu tâtes. Et c'est un apprentissage nécessaire. ”

Christophe Michalak, champion du monde de la pâtisserie[2]

La procrastination, ou comment remettre à demain ce qu'on peut faire aujourd'hui ?

“ Au bout d'un moment, je vais être à la retraite et je ne l'aurai jamais fait. ”

Émilie Martinet, de commerciale grand compte à décoratrice et architecte d'intérieur[3]

“ C'est des excuses qu'on se trouve pour se dire que ce n'est pas pour soi, ou que ce n'est pas le bon moment. En fait je me suis dit, j'y vais, je me jette dans le vide et on verra ce que ça donne et au pire ça ne marche pas. C'est cette expérience-là qui a été l'expérience déclic. […] Évidemment il y a de la peur, il y a du doute, il y a de la crainte, il y a des angoisses, etc. Je crois qu'il faut parvenir à les surmonter, il faut s'être bien préparé dans sa tête avant. ”

Matthieu Tordeur, le plus jeune explorateur français et recordman mondial[4]

1• Podcast *Pourquoi pas moi*, épisode 22.
2• Podcast *Pourquoi pas moi*, épisode 24.
3• Podcast *Pourquoi pas moi*, « En chemin », rendez-vous n° 2.
4• Podcast *Pourquoi pas moi*, épisode 19.

Le manque de confiance en soi (« je ne me sens pas capable de »)

“ J'ai compris qu'il vaut mieux faire les choses soi-même, mieux vaut bricoler un truc dans son garage, que de ne pas faire en espérant que des gens vont vous donner les moyens de le faire. J'étais comme un gosse devant un manège mais je me disais : « Jamais je ne pourrai le faire. » Mais des petites voix qui me disaient aussi : « Peut-être qu'un jour, peut-être qu'un jour, peut-être qu'un jour... » Il faut savoir se planter ! J'ai pris des bonnes « catoles », je n'ai pas tout bien fait, mais j'apprends, j'apprends un nouveau métier. ”

Laurent Regairaz, alias Chicandier, de notaire à humoriste[1]

“ J'étais tellement loin de m'imaginer que j'avais éventuellement les capacités, et que je pouvais aussi m'octroyer le droit de penser que j'allais être sportif moi-même. À 14 ans, m'imaginer faire de la mécanique, faire de la compétition, faire un jour un Dakar, c'était impossible ! C'était impossible même de savoir que j'allais gagner ma vie avec cette moto, avec ce sport et avec ce Paris Dakar. C'était impossible d'imaginer que j'allais gagner un Dakar un jour. [...] Je n'en attendais pas tant. C'est cette fameuse porte un jour que j'ai voulu pousser en me disant qu'il fallait y aller, qu'il fallait essayer. ”

Cyril Despres, de mécanicien à champion de sports mécaniques[2]

Le regard des autres

“ J'avais construit une espèce de personnage social super *successful*. Ce qui me faisait peur c'était de foirer l'étape d'après. ”

Stanislas Gruau, de Head of Trading en matières premières à Explora Project[3]

1• Podcast *Pourquoi pas moi*, épisode 2.

2• Podcast *Pourquoi pas moi*, épisode 8.

3• Podcast *Pourquoi pas moi*, épisode 27.

“ Mes plus grandes peurs étaient souvent liées à un manque d'estime, de confiance en moi, au fait que je me comparais aux autres. ”

Christine Michaud, autrice, conférencière et productrice[1]

La peur de l'insécurité

“ L'ennemi de l'entrepreneur c'est la peur. Il faut être un peu inconscient. Si tu as peur et que tu veux évaluer tous les risques de façon factuelle et rationnelle, jamais tu n'y vas, jamais tu ne sautes le pas, jamais tu ne changes de vie. Monter sa boîte, être entrepreneur et changer de vie, oui, si c'est une peur avec laquelle on vit correctement. Sinon, il ne faut pas le faire et il n'y a pas de jugement à avoir. ”

Marie Stoclet Bardon, de directrice marketing dans un grand groupe à cofondatrice de la Meringaie[2]

AVIS D'EXPERTS

« Faites ce qui vous fait peur ! Car ce qui se cache derrière vos peurs représente souvent ce dont vous avez le plus besoin. »

Camille Musard, créatrice de Vénus et Amazone

« Le plus gros piège à éviter ? Vouloir tout changer d'un coup. Un switch, ce n'est pas un grand saut, mais une suite de petits pas. Pour être sûr de vous mettre en mouvement, il vous faut des objectifs à court terme, concrets et atteignables. »

Clara Deletraz, cofondatrice de Switch Collective

1• Podcast *Pourquoi pas moi*, épisode 25.

2• Podcast *Pourquoi pas moi*, épisode 26.

Les bonnes questions à se poser pour se rassurer

Qu'est-ce que je veux faire ?

Si tu n'avais aucune contrainte de quelque sorte que ce soit (matérielle, financière, organisationnelle…), quel métier ferais-tu ?

Si tu pouvais aller faire un stage gratuit dans une entreprise, où est-ce que ça serait ?

Pourquoi travailles-tu ? Qu'attends-tu de ton travail ?

Cette dernière question, on me l'a posée un jour, lors d'un entretien de recrutement. Sur le moment, elle m'a surprise, mais je la trouve très intéressante. Je l'ai d'ailleurs posée entre temps à plus d'une centaine de personnes, alors que je recrutais à mon tour. Comme pour toutes les questions, il faut être spontané, ne pas juger ce qui te vient en tête, il n'y a une fois encore pas de mauvaise réponse.

À l'époque, j'avais répondu : « Gagner des pièces, comme je l'explique à mes enfants, et m'épanouir, car j'ai besoin d'apprendre et d'explorer des choses par le travail. » Certaines personnes m'ont répondu : « L'apprentissage », « Le fait de faire partie d'un collectif » ou juste « Gagner de l'argent ».

Liste le ou les métiers que tu aimerais faire et pourquoi ?

Est-ce que ce qui te plaît dans ces métiers, tu ne peux pas l'ajouter dans ton quotidien autrement ?

Si le métier que tu souhaites faire n'est pas possible, comme devenir humoriste alors que, objectivement, tu n'as pas un sens de l'humour reconnu, ou que tu souhaites devenir pilote d'avion alors que tu as une mauvaise vue, réfléchis à ce qui te tient vraiment à cœur dans ces métiers, et comment tu peux le retrouver dans ta vie ou dans un autre métier.

Quelles sont mes priorités ?

Pour remplir un bocal avec des cailloux, il faut commencer par les plus gros cailloux, puis les moyens, puis les petits, puis le sable. Logique, non ?

Pour les priorités dans notre vie, c'est la même chose ! Pense à remplir ta vie avec tes top priorités, ce qui compte pour toi, ce qui a du sens.

Liste...

- **Le top 3 de tes priorités.**
- **Les 3 secondaires.**
- **Les 3 qui correspondent au sable.**

Est-ce que ces priorités s'inscrivent dans ton nouveau métier ?

Qu'est-ce que la réussite ?

Pour toi, c'est quoi la réussite ?

Il n'y a pas de bonne ou mauvaise réponse, juste TA réponse.

Au fond, réussir ça veut dire quoi ? Tu as découvert trois visions différentes au travers des témoignages de Marjorie, Juliette et Paula. En voici trois autres.

“ La réussite c’est trois choses pour moi : se connaître et s’accepter profondément, puis choisir une vie qui correspond à tout ça. ”

Alia Cardyn, d’avocate à coach puis romancière à succès[1]

“ La réussite, c’est faire le bien autour de soi. ”

Augustin Paluel-Marmont, cofondateur de Michel et Augustin[2]

“ La réussite, c’est quand tu fais ce que tu aimes et que tu es fier. Tu as le personnel, l’interpersonnel (que les autres te disent « bravo ») et le transpersonnel (quand tu arrives à changer quelque chose dans l’univers). Donc la réussite pour moi revêt ces trois dimensions. ”

Audrey Carsalade, de l’événementiel dans une grande maison de luxe à coach naturopathe[3]

AVIS D’EXPERTS

« Mon NirNana, avec ma singularité, c’est : une action professionnelle, intense et joyeuse, idéalement avec d’autres, qui contribue à un devenir meilleur (plus d’amour, plus d’avenir) individuellement et collectivement.
Mon grand âge doit y être pour quelque chose...
Mon NirNana pourrait bien être, si je prends une image, un fleuve qui se fraie une route, rassemble en chemin les ruisseaux qui grossissent son flux, gronde lorsque des arbres morts entravent sa route, irrigue et nourrit des terres en chemin qui reverdissent et créent de nouveaux ruisseaux...
Un fleuve sans fin, car chaque ruisseau à son tour devient la source. »

Isabelle Deprez, coach de dirigeants

1• Podcast *Pourquoi pas moi*, épisode 28.
2• Podcast *Pourquoi pas moi*, épisode 29.
3• Podcast *Pourquoi pas moi*, épisode 33.

« Selon moi, une reconversion réussie, c'est quand vous vous trouvez dans votre zone de génie. »

Frédéric Desfrenne, conseiller en évolution professionnelle

Je veux changer de métier pour *fuir* ou *aller vers* ?

Est-ce que tu fuis ou est-ce que tu vas vers ?

Que ce soit l'un ou l'autre, une fois encore, il n'y a pas de bonne ou de mauvaise réponse.

Ce qui est important c'est d'en prendre conscience. Car si tu fuis, il est important de savoir ce que tu fuis, pour t'assurer de ne pas le retrouver dans ton nouveau métier.

« Avec ou sans le prix du Meilleur Pâtissier, ça serait arrivé, j'aurais quitté Accenture. Je ne m'y retrouvais plus, j'avais du mal à trouver du sens dans ce que je faisais au quotidien. »

Camille Perrotte, de consultante à gagnante du prix du Meilleur Pâtissier 2019[1]

AVIS D'EXPERTS

« Une reconversion réussie doit avoir un sens profond pour la personne qui l'entreprend. Ce n'est pas changer pour fuir, ni juste changer de métier, c'est se reconvertir pour renouer avec soi, prendre du plaisir dans son travail et être en parfaite adéquation avec ses valeurs.
Une reconversion réussie, c'est devenir QUI VOUS ÊTES profondément. »

Hélène Picot, coach en reconversion, créatrice de la méthode « Rêvez, Osez, Foncez », autrice, conférencière, slasheuse et digital nomade

« Le meilleur conseil à donner à une personne qui va se reconvertir ? Il est essentiel de bien préparer sa reconversion en identifiant tout d'abord les raisons profondes de son désir de changement (simple ras-le-bol ou profond questionnement ?), puis ses besoins, valeurs, aspirations, désirs en les confrontant à la réalité et à ses contraintes financières, familiales et organisationnelles. Le plus gros piège à éviter ? Croire que l'herbe est toujours plus verte ailleurs...
Une reconversion réussie c'est... ? Une reconversion non précipitée après laquelle on se dit "no regrets". »

Marina Bourgeois, directrice d'Oser rêver sa carrière

1• Podcast *Pourquoi pas moi*, « En chemin », rendez-vous n° 2.

« Le plus gros piège à éviter ? C'est de confondre le "ras-le-bol" et l'envie ; une reconversion professionnelle, c'est un processus décisionnel profond, et il est nécessaire de savoir où vous en êtes avant une prise de décision, de comprendre ce qui motive votre désir de reconversion. »

Claire Dupuis-Surpas, directrice d'Ensemble1job

Les aspects financiers

Rien de mieux, pour se rassurer, que de faire un budget et de savoir quel est ton budget pour vivre. Sur quels postes es-tu prêt à faire des efforts ?

Si tu es en couple, parles-en évidemment à ton conjoint.

“ Ce changement, c'est vraiment une aventure familiale, avant tout ! J'ai demandé l'autorisation à ma femme. Ce genre de changement radical, on ne peut pas le faire tout seul. ”

Damien Zeller, de Capgemini à boucher[1]

“ Comme notre quotidien est rempli de choses qui nous passionnent, on n'a plus besoin de faire du shopping compulsif. ”

Alia Cardyn, d'avocate à coach puis romancière à succès[2]

Si tu ne peux pas arrêter ton travail actuel, car ta perte de rémunération sera trop importante, même en touchant le chômage, ou que tu ne peux pas toucher le chômage :

Es-tu prêt à travailler en plus le soir et/ou le week-end ?

1• Podcast *Pourquoi pas moi*, épisode 14.
2• Podcast *Pourquoi pas moi*, épisode 28.

Est-ce que ce métier est fait pour moi ?

Voici encore des questions !

- L'intérêt : qu'est-ce qui t'anime dans ce métier ?
  À quelles qualités fait-il appel, que tu as ? que tu n'as pas, mais que tu peux acquérir ? À quel savoir-être fait-il appel, que tu as ?
- Le sens : te sentiras-tu fier / utile de faire ce métier ?
- Les missions : soyons objectifs, aucun métier ne t'apportera 100 % de satisfaction. Mais est-ce que 75 % des missions du métier vers lequel tu te destines t'animent, te motivent ?
- L'environnement : est-ce que l'environnement du travail correspond à tes aspirations ? Si tu es une personne qui a besoin de contacts, de travail collaboratif et que le métier dont tu rêves est un travail solitaire… Il faut se poser ces questions et voir comment tu peux adapter ton projet. Si tu as la bougeotte et un grand besoin d'espace, et que le métier que tu regardes t'impose de passer ta journée enfermé ; si tu détestes l'idée de devoir porter un uniforme ; si tes horaires doivent être classiques pour pouvoir gérer ta famille, etc.
- Les relations : en fonction de l'environnement, les relations seront différentes.

Par exemple, Paula évoque la problématique de ses horaires et sa gestion d'un temps de travail atypique qui ont eu un gros impact sur sa vie privée (voir p. 37).

Marjorie, quant à elle (voir p. 10), nous parle très bien dans son témoignage de la modification de ses relations en fonction de son environnement professionnel.

Comment accéder à ce métier ?

Quelles sont les qualifications nécessaires ? Peux-tu y accéder ?

Quelles sont les qualités indispensables ?

Quel parcours faut-il pour y parvenir (concours, formation, diplôme...) ?

Pour rappel, les qualités, c'est ce qu'on appelle des *soft skills* ça ne s'acquiert pas, tu es né avec. Ça se travaille, mais c'est ce qui est inné chez toi.

Les *hard skills* sont les compétences qu'il est possible d'acquérir en travaillant.

Tester et mener l'enquête

Comme l'a fait Marjorie, mais également la majorité des personnes qui ont changé de métier et où cela a fonctionné, il est important de se rapprocher des personnes qui font déjà ce métier pour en connaître tous les tenants et les aboutissants.

Les Français jugent que ce qui pourrait les aider est, entre autres, de :

- 30 % : tester un métier / échanger avec des professionnels du secteur visé.
- 8 % : obtenir des témoignages de reconversions réussies[1].

1• Étude Nouvelle Vie Pro 2019 sur les actifs français, plusieurs réponses possibles.

Explorer le métier

Si tu es accompagné d'un professionnel de la reconversion, il t'accompagnera dans la découverte des métiers qui te correspondent le mieux. Parfois, on est très loin d'imaginer que ce qu'on aime faire correspond à un métier.
En annexe (voir p. 187), tu découvriras une liste de sites où trouver des fiches métier.

Tester le métier

- **Grâce à des entreprises** : des entreprises se sont spécialisées pour permettre de découvrir l'envers du décor d'un métier. Découvre la liste de ces organismes p. 187.
- **Grâce à Pôle emploi** : en effet, Pôle emploi permet un dispositif qui est la période de mise en situation en milieu professionnel (PMSMP), qui est ouvert à toute personne faisant l'objet d'un accompagnement social et/ou professionnel personnalisé, quels que soient son statut, son âge ou le cadre de l'accompagnement[1]. Sa durée maximale est d'un mois. Tu trouveras plus d'informations sur le site du ministère du Travail, de l'Emploi et de l'Insertion.
- **Grâce au réseau** : tu peux également te rapprocher d'une personne que tu connais ou non pour venir observer son travail. Je pense par exemple à Augustin Paluel-Marmont, cofondateur de la célèbre marque Michel et Augustin, qui a suivi un stage chez son boulanger, avant de passer son CAP.

1• Source : https://travail-emploi.gouv.fr

Enquêter

Il serait dangereux de se lancer dans un projet de reconversion, sans avoir discuté a minima avec une personne qui fait ton futur métier, afin de t'assurer que tu es bien conscient des réalités. L'idéal serait de rencontrer plusieurs personnes pour croiser les informations et avoir plusieurs avis. Car, comme le dit si bien Marjorie, ce qui est considéré comme un inconvénient pour quelqu'un ne le sera pas forcément pour toi.

Fais la liste des personnes que tu veux contacter et lance-toi.

Tout le monde fait une enquête métier, donc sens-toi à l'aise de solliciter des personnes que tu ne connais même pas. Tu veux être boucher ? Va voir ton boucher ! Tu veux devenir militaire, parles-en autour de toi, il y a forcément quelqu'un qui connaît quelqu'un...

« Ce n'est pas un exercice facile, que de témoigner, mais finalement ce n'est que du positif. Même des gens que je ne connais pas, qui suite au podcast, me contactent, via LinkedIn ou Instagram. C'est très bienveillant, et je me rends compte qu'il y a plein de gens dans ma situation, du coup je me dis que c'est utile. »

Émilie Martinet, de commerciale grand compte à décoratrice et architecte d'intérieur[1]

Fais la liste de questions que tu souhaites poser.

Je te recommande de faire une petite trame de questions. Voici une liste, à compléter bien entendu.

- Quel est ton métier, concrètement ?
- Quel a été ton parcours pour y arriver ?

1• Podcast *Pourquoi pas moi*, « En chemin », rendez-vous n° 2.

- Quelle formation as-tu suivie / recommandes-tu / ce à quoi il faut prêter attention ?
- Quelle certification ? Diplômes ? (Je vous parle de la différence dans le lexique à la fin du livre)
- Quelles sont les compétences clés attendues ?
- Le métier est-il physique ?
- Quelles sont les perspectives d'évolution des missions ?
- Quel est le salaire à l'entrée / l'évolution du salaire ?
- Quels sont les avantages en nature ?
- Le salaire est-il fixe ? Y a-t-il une part de variable ?
- Au bout de combien de temps, peut-on imaginer en vivre ?
- Est-il nécessaire de suivre une formation continue ?
- Quels sont les horaires ? Quel est le rythme de travail ?
- Où se situent les zones de stress ?
- Quelles sont les responsabilités ?
- Quels sont pour vous les avantages, les inconvénients et les contraintes de ce métier ?
- Comment est le marché de l'emploi ?
- Quelles sont les clés de réussite dans ce métier ?
- Y a-t-il des déplacements ?
- Comment est l'environnement de travail ?
- À quoi ressemble le quotidien / une semaine type ?
- Quel est l'investissement financier, humain ?
- Que recherchent les recruteurs / les clients (*soft/hard skills*) ?
- Quelles sont les informations / assurances nécessaires ?
- Quel est le processus de recrutement ?
- Qu'est-ce qui vous plaît le plus dans votre métier et pourquoi ?
- Quelles sont vos plus grandes fiertés dans votre métier ?
- Quelles sont vos plus grandes réjouissances ?
- Quelles ont été les désillusions du métier ?
- Quelles ont été les plus grandes difficultés et comment les avez-vous traitées ?
- Avez-vous des conseils ?

Comme le dit si bien Matthieu Tordeur, ce qui est important, c'est de solliciter les personnes avec des questions pour lesquelles tu ne trouveras pas les réponses en une recherche Google. Il complète par l'avis ci-dessous.

« Il ne faut pas avoir peur de demander, on n'est jamais ridicule. On a tous été, toi ou moi, débutants à un moment dans notre vie. J'imagine, toi quand tu as commencé le podcast, moi quand j'ai commencé mes expéditions. Il faut prendre un peu de hauteur et de recul et voilà, on est solidaire. »

Matthieu Tordeur, le plus jeune explorateur français et recordman mondial[1]

Découvrir l'écosystème

À chaque métier, son écosystème ! À toi d'avoir la curiosité de te renseigner et d'en comprendre les tenants et aboutissants.

- **Les médias et événements :** y a-t-il des médias spécialisés ? Des salons ? Conférences ? Des remises de prix ?...
Lire la presse, se rendre dans ces événements te permettra de mieux comprendre qui est partenaire de qui, qui sont les leaders, les influenceurs...
Avoir connaissance de tout cela est important également quand tu exerceras ton métier.
Retrouve entre autres en annexe une liste de podcasts pour te faire découvrir des métiers.
- **Les associations / fédérations / syndicats :** tu peux prendre des renseignements sur le métier via les associations, fédérations, syndicats de ton futur secteur et métier.

1• Podcast *Pourquoi pas moi*, épisode 19.

- **Les réseaux sociaux :** il y a un grand nombre de groupes sur Facebook, de forums… où tu pourras échanger avec des personnes qui sont en train de vivre la même chose que toi, ou qui se sont posées les mêmes questions.
- **Les journées de découverte :** Pôle emploi ou la Cité des métiers offrent chacun la possibilité de mettre en lumière des métiers.

Quel est le marché de l'emploi ?

Il est important d'être conscient du marché de l'emploi, de savoir où tu vas, si c'est un secteur qui recrute et ce que les recruteurs recherchent.
Une bonne astuce pour savoir ce qui est recherché, c'est d'analyser les offres d'emploi dans le secteur. Tu découvriras en effet ce qui est attendu en termes de compétences, logiciels ou autres choses spécifiques.

En résumé, mon futur métier ressemblera à…

À toi de compléter la fiche d'identité de ton nouveau métier

Nom du métier : ……………………………………………………………

Missions : ……………………………………………………………

Les qualités nécessaires : ……………………………………………………………

Est-ce que je les ai (oui - non) ? ……………………………………………………………

Les compétences nécessaires : ……………………………………………………………

Est-ce que je les ai / est-ce que je peux les acquérir / comment je peux les acquérir ? ……………………………………………………………

Les conditions de travail : ……………………………………………………………

L'environnement de travail : ……………………………………………………………

Les horaires : ……………………………………………………………

Les contraintes (par rapport à ma vie personnelle) : ……………………………………………………………

Les perspectives d'évolution : ……………………………………………………………

Le salaire et ses perspectives : ....

Les formations requises : ....

Les avantages (par rapport à ma vie actuelle) : ....

Les inconvénients (par rapport à ma vie actuelle) : ....

Ce métier aura du sens pour moi, parce que : ....

Se lancer

Se former

Comment choisir sa formation : les critères de comparaison

Qu'est-ce que je recherche et est-ce compatible avec ce qui existe ?

Voici une liste de critères pour comparer les formations entre elles :

- À distance / en présentiel / un mix.
- Courte / moyenne / longue.
- En alternance.
- En interne / externe à ton entreprise.
- En individuel / collectif (combien de personnes ?).
- Ai-je besoin d'acheter du matériel, et si oui, quel est le budget ?
- Formation certifiante / diplômante ou qualifiante (voir les définitions p. 184-185).
- La formation est-elle reconnue à l'international ?
- La formation va-t-elle me permettre de développer un réseau ?
- Est-il possible de faire une VAE (voir p. 185) ?
- Peut-on financer la formation via le CPF ou des aides (voir p. 181) ?
- Puis-je faire la formation en parallèle de mon travail ?
- Quelle est la réputation de l'école / université / organisme de formation ? (N'hésite pas à échanger avec des personnes qui y ont suivi un cursus ou à te rendre aux journées portes ouvertes. Est-ce que tu as un bon contact avec les personnes de cette école / université / entreprise ?)

- Qui sont le ou les formateurs ?
- Quel soutien / accompagnement ?
- Quel rythme ?
- As-tu besoin de faire un stage / une alternance ?
- Devras-tu rendre un mémoire, à quelle échéance ?
- Auras-tu du travail en parallèle des cours ?
- Es-tu éligible ? (Par exemple, s'il faut un bac+4 et que tu as un bac +3...)
- Est-ce que tu peux passer le diplôme en candidat libre ?

Si tu ne trouves pas la formation qui te convient, une fois encore, il faut en parler ; se rapprocher de syndicats, groupes Facebook, etc. Je repense à Émilie Martinet, qui voulait faire une formation en marketing, cela faisait plusieurs années qu'elle cherchait, jusqu'à ce qu'elle finisse par en parler à quelqu'un qui lui a parlé de la formation dont elle rêvait.

Où trouver les formations ?

Suite à ton enquête métier, tu pourras découvrir les formations qui te permettent d'arriver à ce métier. Il y a également un grand nombre de sites sur Internet qui référencent les formations disponibles. Rendez-vous dans l'annuaire à la fin du livre.

Comment financer sa formation ?

Le financement des formations est un vrai sujet, car il est à la fois crucial et complexe.

En fonction de si tu es encore en poste ou non, tu as la possibilité de faire financer une formation par ton entreprise. Si tu es au chômage, Pôle emploi et la Région peuvent fournir des aides. Attention, en fonction des régions, des villes et du conseiller Pôle emploi les aides ne sont pas les mêmes et elles

évoluent dans le temps. Il est donc important de se renseigner en amont auprès de ton conseiller, de l'Apec pour les cadres et du site internet de ta région.
Il y a également le CPF, dont je te parle plus en détail dans le dictionnaire.

L'assumer grâce au comité de soutien

Je t'en ai déjà parlé, le rôle de ton entourage est crucial pour la réussite de ton projet. Il est indispensable de te créer un petit comité de soutien. Chaque personne dans ce comité pourra t'apporter une chose différente, de par son caractère et son expérience. Tout le monde aime aider, il ne faut par contre pas oublier de remercier.

> « La plus grosse difficulté, c'est prendre suffisamment de conseils pour se faire confiance et faire le premier pas. »
> Matthieu Tordeur, le plus jeune explorateur français et recordman mondial[1]

Même si ce n'est pas toujours facile, dans ton projet, tu vas parfois devoir écarter certaines personnes du chemin, car ils ne te feront pas de bien, parce qu'ils :

- N'arriveront pas à prendre le recul nécessaire pour dissocier leur vie de la tienne.
- N'arriveront pas à se réjouir pour toi.
- Te prendront plus d'énergie qu'ils ne t'en offriront.
- Sont des éternels pessimistes et verront toujours le verre à moitié vide.
- N'arriveront pas à te faire des retours objectifs.

1• Podcast *Pourquoi pas moi*, épisode 19.

Conclusion : les 9 commandements

1 Parle de ton projet

Car il est important de confronter ses idées.

Car c'est en parlant que tu attireras à toi les opportunités.

Car c'est en verbalisant que tu pourras te poser toutes les bonnes questions.

Car c'est très certainement en parlant que tu découvriras des choses dont tu n'avais pas la moindre idée : aides, collectifs, rencontres, opportunités...

2 Fais-toi accompagner

Quel que soit le point de départ et le point d'arrivée de ta reconversion. Changer de métier a beaucoup d'impacts dans sa vie professionnelle et dans sa vie privée. Ne le sous-estime pas. Mets donc toutes les chances de ton côté !

C'est un peu comme si Florent Manaudou partait aux JO sans coach. Il en a même plusieurs : physique, mental, sportif !

Dans le livre, j'ai abordé un certain nombre de types d'aides différentes. À toi de voir ce qui convient le mieux à ta situation.

3 Aie confiance

La confiance donne des ailes. Même si, sur le chemin, tu rencontres des difficultés, si tu restes convaincu que c'est ce que tu dois accomplir, ne perds pas la foi. N'oublie pas de t'appuyer sur le regard de ceux qui croient en toi, dans les creux de vague. N'oublie pas que personne ne réussit sans se tromper. L'échec fait partie intégrante du processus, réussir c'est se relever une fois de plus ! Quand on a confiance en soi, on provoque la loi de l'attraction, et une clé de réussite est de savoir attirer les bonnes personnes dans son projet. Dans le cas de l'entrepreneuriat, cela paraît évident, mais dans le cas du salariat, il s'agit aussi du bon employeur et du bon environnement de travail. Un élément pour construire la confiance, c'est de savoir qui tu es et de travailler sur un projet mûrement réfléchi et confronté avec d'autres.

4 Sois entouré

Si l'un des axes de mon podcast est le rôle de l'entourage, ce n'est pas pour rien. Toutes les personnes que j'interviewe disent la même chose. Leur entourage est leur moteur, être entouré et soutenu est essentiel.

Il n'est pas nécessaire d'avoir 100 % de ton entourage qui te soutienne, mais a minima ton conjoint et / ou une personne sur qui tu peux compter.

Très souvent les personnes qui te diront que tu es fou. C'est parce qu'ils regardent la situation avec le prisme de leur vie, leur contexte. Tu vas devoir prendre du recul par rapport aux conseils de ces personnes.
Tu connais le jeu de mot l'avis des autres / la vie des autres ?

5 Recommence de zéro

Il faut être conscient que, quand on change de métier, on recommence de zéro. Il faut donc mettre parfois, si ce n'est souvent, son ego de côté. Il faut accepter de recommencer tout en bas de l'échelle, il faut accepter de faire ce qu'on peut considérer comme les petites tâches, car c'est comme ça qu'on apprend.

6 Donne pour te créer des opportunités

Ici l'idée n'est pas de donner pour recevoir, et encore que. L'idée est de dire que si tu offres de ton temps, passe du temps dans ton futur univers, c'est comme ça que tu vas y arriver, car tu vas apprendre et également occuper le terrain. Il faut accepter de donner de son temps sans être rémunéré pour prendre des galons et se faire repérer. Ça a été le cas de Christophe Michalak qui passait tout son temps dans les cuisines de chez Fauchon, à l'époque où il était stagiaire dans la brigade de Pierre Hermé, mais aussi de Vincent Karche, qui était figurant à l'opéra et qui est devenu par la suite un très grand ténor. Lors de la première année de diffusion du podcast, ce projet ne m'a pas rapporté un centime, au contraire il m'en a coûté. Mais penses-tu que tu pourrais lire ce livre aujourd'hui si je ne l'avais pas fait ?

7 Sois prêt à prendre la mer

Tu ne pourras jamais anticiper toutes les vagues, ni les tempêtes, mais tu peux maximiser tes chances de réussite en étant sur la meilleure des embarcations, avec le meilleur mental, avec le meilleur physique, avec le meilleur équipage, avec la meilleure équipe. Les personnes qui te diront qu'ils n'ont eu aucun moment difficile, aucun moment de doute lors de leur changement de métier, qu'on me les présente ! Car, par définition, quand on change de métier, on sort de sa zone de confort et, dans ce processus, il y a des zones de doute. C'est un peu comme une femme qui vous dira qu'elle a accouché sans péridurale et qu'elle n'a pas eu mal. Plus que de la mauvaise foi, je penche plus pour l'amnésie.

Tu m'auras compris, être prêt c'est avoir bien réfléchi, avoir anticipé un certain nombre de choses et être capable d'encaisser les tempêtes qui n'étaient pas prévisibles, car il y en aura.

8 Assume ton changement de métier

Si tu inities ce changement dans ta vie, va jusqu'au bout. Ne fais pas un changement mi-figue, mi-raisin, car si tu n'es toujours pas aligné, le « mal-être » reviendra. Et si tu es honnête avec toi-même et avec les autres, personne ne pourra te reprocher quoi que ce soit, bien au contraire.

9 Repose-toi sur... toi

Une fois encore, dans le podcast, tous mes invités s'accordent à dire qu'il ne faut pas attendre des autres qu'ils fassent le premier pas, et même le reste, à notre place. Même si ton entourage est là pour t'aider et te soutenir, que tu te fais accompagner... Il y a un moment, où il est nécessaire de savoir ce qu'on veut et mener son projet à terme. Comme le dit si bien Daniel Blouin, « personne d'autre que vous ne sait si vous avez faim ou l'envie d'aller aux toilettes ». Pour ton projet c'est pareil.

Le mot de la fin sera donc...
Écoute-toi et fais-toi confiance en toute conscience
et avec un petit grain d'inconscience.
Et n'oublie jamais de te dire :
« Pourquoi pas moi ? »

Pour aller plus loin

Le dialecte de la reconversion professionnelle

Le bilan de compétences

Voir page 147.

Le bilan professionnel

Voir page 146.

La compétence professionnelle

La compétence professionnelle est à la croisée des chemins entre un savoir, un savoir-être, un savoir-faire et, dans certains cas, une aptitude physique, le tout dans un contexte donné. L'aptitude physique, ça sera par exemple pour un pompier, un militaire mais aussi pour des métiers où il y a du poids à porter comme pâtissier.

Le compte personnel de formation (CPF)

Tu ne sais pas ce qu'est le CPF, tu n'es pas seul !
Selon l'Observatoire des trajectoires professionnelles 2018, seuls 39,8 % des actifs voient précisément de quoi il s'agit.

Pour qui ?
Tous les actifs travaillant en France.

Combien ?
Entre 500 € et 800 € par an de crédit formation.

Utilisable quand ?
En période d'activité professionnelle ou au chômage.

Pourquoi ?
Pour une formation ou une reconversion professionnelle.
Toutes les informations sur www.moncompteformation.gouv.fr

Le congé individuel de formation (CIF)

« Le congé individuel de formation (CIF) est le droit de s'absenter de son poste de travail pour suivre une formation de son choix. Pour en bénéficier, le salarié doit remplir certaines conditions et présenter sa demande à l'employeur, selon une procédure déterminée. »
Source et plus d'informations sur travail-emploi.gouv.fr.

Le congé ou temps partiel pour création ou reprise d'entreprise

Tu es salarié, tu as l'envie de créer une entreprise ou de reprendre une entreprise, et tu ne veux pas prendre de risque si cela ne marche pas. La bonne nouvelle, c'est que tu as la possibilité de prendre un congé pour création d'entreprise.

Pour qui ?
Les salariés avec a minima 24 mois d'ancienneté consécutifs ou non dans l'entreprise ou dans le groupe. À noter que certaines conventions ou accords collectifs peuvent être plus avantageux.

Combien de temps ?
Sauf mention dans la convention ou accords collectifs, la durée maximale de ce congé est d'un an, renouvelable une fois.

Comment ça se passe ?
Il faut en faire la demande à son employeur, l'employeur a le droit de refuser. Je t'invite à regarder le site service-public.fr où tu auras tous les détails.

Quelle rémunération ?
Sauf exception, ce congé n'est pas rémunéré.

Le conseil en évolution professionnelle (CEP)

Voir page 149.

Le droit individuel à la formation (DIF)

Désolée de te l'apprendre, mais tu as quelques années de retard. Le DIF n'existe plus depuis 2016. Il a été remplacé par le CPF.

Le Fongecif

Pour reprendre la définition du site travail-emploi.gouv.fr, le Fongecif est un organisme paritaire, interprofessionnel et régional. Il informe, conseille, oriente et accompagne les salariés dans leurs projets personnels de formation et de mobilité professionnelle et peut contribuer au financement de leur projet. Il gère :

- Le congé individuel de formation (CIF) pour évoluer ou se reconvertir.
- Le congé bilan de compétences (CBC) pour faire le point et préparer son avenir professionnel.
- Le congé validation des acquis de l'expérience (CVAE) pour faire reconnaître son expérience.
- Le compte personnel de formation (CPF) pour développer ses compétences.

La formation certifiante

Ces formations ont toujours un format court et sont dédiées aux adultes déjà rentrés dans la vie active. À la fin, sera délivré un certificat, reconnu par les branches professionnelles.
En fonction des secteurs, certaines formations nécessitent de respecter certaines normes : ISO, Afnor ou autre. Renseigne-toi auprès de tes futurs pairs et/ou des associations et fédérations.

Il existe deux typologies de formations certifiantes :

- **Les titres professionnels :** ces titres sont enregistrés au répertoire des certifications professionnelles (RNCP) et délivrés par le ministère de l'Emploi via un organisme de formation.
- **Les certificats de qualification professionnelle (CQP) :** ces certificats ne sont pas reconnus par l'État, mais reconnus par les branches professionnelles.

La formation diplômante

Comme son nom l'indique, tu obtiendras un diplôme, reconnu par l'État.

Par qui ?
Universités, écoles, centres de formation.

Quel type de diplôme ?
BEP, CAP, Bac, BTS, Licence, Master.
Pour la plupart, les formations diplômantes entrent dans le cadre de la formation continue pour adulte.

La formation qualifiante

Ces formations permettent de monter en compétences, mais ne permettent pas d'obtenir un diplôme, ni un certificat. Parfois, il est possible d'avoir une attestation prouvant que tu as fait cette formation.

L'opérateur de compétence (Opco)

Anciennement appelés Opca (organisme paritaire collecteur agréé), les Opco sont des opérateurs de compétences. À chaque branche professionnelle son Opco.

Quel est leur rôle ?

- Le financement des contrats de professionnalisation et le contrat d'apprentissage.
- Favoriser la transition professionnelle et notamment la reconversion au travers du CPF.

Les périodes de mise en situation en milieu professionnel (PMSMP)

Voir page 167.

La validation des acquis de l'expérience (VAE)

« La validation des acquis de l'expérience permet, à toute personne engagée dans la vie active, d'obtenir une certification professionnelle par la validation de son expérience acquise dans le cadre d'une activité professionnelle et/ou extra-professionnelle. La certification – qui peut être un diplôme ou un titre à finalité professionnelle ou un certificat de qualification

professionnelle doit être inscrite au Répertoire national des certifications professionnelles (RNCP).
La VAE est l'une des voies d'accès aux certifications professionnelles avec la voie scolaire et universitaire, l'apprentissage et la formation professionnelle continue[1]. »

Pour qui ?
Aucune limite d'âge, de niveau d'études, de diplôme.

Le répertoire national des certifications professionnelles (RNCP)

Le RNCP est géré par le francecompetences.fr, il recense toutes les formations professionnelles certifiantes. Cette base de données est mise à jour.

Les organismes, médias, podcasts, livres pour continuer ton cheminement

Pour découvrir l'envers du décor des métiers

Les podcasts

- *Ma passion, mon job*
- *Into the job*
- *Le tilt*
- *Travail soigné*
- *Caféine*

Les médias

- fichemetier.fr
- emploi-store.fr, rubrique « choisir un métier »

1• Source : ministère du Travail, de l'Emploi et de l'Insertion

- pole-emploi.fr, rubrique « les fiches métiers »
- studyrama.com, rubrique « les fiches métiers »
- onisep.fr
- monemploi.com

Les organismes pour tester un métier

- Les généralistes : testunmetier.com et testmonjob.fr
- Pour un métier dans l'artisanat et l'écologie : lesavoirfaire.fr
- Pour les étudiants : myjobglasses.com
- Pour découvrir les start-up : immersiveexperience.fr

Pour des témoignages de reconversion

Les podcasts

- *Les Déviations*
- *Pourquoi pas moi*
- *Sauter le pas*

Les livres

- *La Vie professionnelle des poupées russes*, de Marine Baumann-Luna et Alexandra Luna, Le Cherche midi, septembre 2020
- *De l'art d'envoyer valser sa carrière*, de Alexia Colson-Duparchy, Hachette Pratique, août 2020
- *Matins clairs*, de Pedro Correa, L'iconoclaste, octobre 2020
- *Comment je ne suis pas devenue prof de philo*, de Claire Clert, avril 2020

Pour des conseils sur la reconversion

Les médias

- je-change-de-metier.com
- rebondir.fr

- toutpourchanger.com
- nouvelleviepro.fr

Les organismes
Ci-dessous une liste non exhaustive des organismes reconnus pour t'accompagner dans ta réflexion de changement de métier. Comme leur offre évolue et que chaque jour de nouveaux apparaissent, je te propose de nous retrouver sur la page https://content.pourquoipasmoi.co/benchmark-organisme et de découvrir le benchmark annuel.

- Chance
- Dessine-moi une Carrière
- Ensemble & Compagnie
- Rêvez, Osez, Foncez
- Pourquoi pas moi
- Switch Collective

Dans le benchmark, tu découvriras l'approche innovante de chacun d'entre eux, ce qui fait que le programme est unique, à qui il s'adresse, le coût, s'il est finançable via le CPF, les objectifs auxquels il répond, les conditions financières et pratiques, le détail du programme...

Des annuaires pour trouver une formation

- diplomeo.com
- iciformation.fr
- kelformation.com
- onisep.fr
- monemploi.com

Remerciements

• Je souhaite remercier avec tout mon cœur mon mari et mes enfants qui me supportent, dans les deux sens du terme, au quotidien. À ma famille, qui m'accompagne et m'encourage depuis plus de trente-sept ans maintenant.

• Merci à toutes les personnes exceptionnelles que j'ai rencontrées qui m'ont fait confiance et m'ont accordé de leur temps.

• Merci à ma coach, Johanne, de m'avoir permis de déployer mes ailes.

• Merci à tous mes invités, et surtout les premiers, d'avoir accepté mon invitation.

• Merci à Juliette, Marjorie et Paula de s'être livrées et d'avoir partagé avec nous leur histoire.

• Merci à Capucine et Anne de Gazette RP et Mélodie d'Archetype.

• Merci à Lilas d'avoir si bien retranscrit mes interviews.

• Merci à toute ma communauté, qui me permet d'accomplir ma propre mission : vous aider à écouter votre petite voix.

• Merci à Pedro d'avoir accepté d'écrire la préface de ce livre.

• Merci à toutes les personnes qui travaillent, dans les coulisses, pour te permettre de lire ce livre aujourd'hui.

• Merci également à Iris Dion et Mango Éditions, pour cette très belle invitation, que j'ai accueillie avec une grande joie.

L'autrice

Charlotte Desrosiers Natral a 37 ans et est l'heureuse maman de deux enfants. Parisienne de naissance et Marseillaise de cœur, Charlotte avait tout pour être heureuse : une famille aimante, une très belle carrière en tant que directrice marketing monde dans des start-up de la tech française, avec les responsabilités, la reconnaissance sociale, le salaire et les conditions matérielles qui allaient avec. Mais quand nous ne sommes pas à notre place, tout peut être « parfait » sur le papier, nous ne pouvons pas être heureux. La petite voix de Charlotte lui disait depuis toujours qu'il fallait qu'elle entreprenne, mais la peur de se lancer était plus forte. Et quand nous sommes dans la roue du hamster, il devient très difficile de se poser les bonnes questions. Charlotte a donc attendu d'être dans l'incapacité de travailler pour dire stop à cette vie-là. Son burn-out, pendant l'été 2019, lui a permis de prendre conscience que sa vie manquait de sens.

Convaincue qu'il n'est pas nécessaire d'attendre un accident de la vie pour prendre sa vie en main, Charlotte a créé *Pourquoi pas moi*. Il s'agit de la première entreprise à mission qui souhaite permettre aux Français d'écouter leur petite voix intérieure et de (re)donner du sens à leur vie.

Pour en savoir plus : www.pourquoipasmoi.co

Direction : Guillaume Pô
Direction éditoriale : Tatiana Delesalle
Édition : Iris Dion
Collaboration rédactionnelle pour les témoignages : Lilas Seewald
Relecture-correction : Sandrine Salvert
Direction artistique : Sylvaine Beck
Mise en pages : Capucine Deslouis
Direction de fabrication : Thierry Dubus
Suivi de fabrication : Marie Guibert

www.mangoeditions.com

Dépôt légal : avril 2021
1re édition
ISBN : 9782317026065
Code MDS : MN26065

Achevé d'imprimer en mars 2021 par Interak en Pologne
N° d'édition : M21064

MIXTE
Papier issu de sources responsables
FSC® C015559

Ce livre s'inscrit dans une démarche écoresponsable. Il est composé de matériaux issus de forêts bien gérées, certifiées FSC® et d'autres sources contrôlées. Cette certification garantit une empreinte carbone réduite et une gestion raisonnée de la forêt, qui maintient la biodiversité et protège les écosystèmes. Il est imprimé avec des encres à base d'huile végétale. Il a été imaginé et conçu en France, et imprimé en Europe.